SCHOTA DWALISCHWILI

DIE GEORGISCHE KÜCHE

90 TRADITIONELLE REZEPTE

LEOPOLD STOCKER VERLAG
Graz – Stuttgart

Umschlaggestaltung: Werbeagentur Rypka GmbH, 8143 Dobl/Graz, www.rypka.at
Titelbild: Erik Ekedahl
Bildnachweis: Alle Rezeptbilder und das Autorenfoto stammen von Erik Ekedahl.
Bild der Übersetzerin von Ira Kurmaeva
Bilder in der Einleitung: S. 9 o, 10, 11 mi und u, 13 o: Archiv Leopold Stocker Verlag
S. 8, 10 o, 12, 13 u, 14–15, 15 u: Auswärtiges Amt Georgien
S. 15 mi: rugbyxm (100_3424) (Wikimedia CC BY 2.0)

Die Informationen in der Einleitung wurden dem Verlag freundlicherweise von der georgischen Botschaft in Wien zur Verfügung gestellt.

First published by Bakur Sulakauri Publishing, Tbilisi, Georgia

Vom Georgischen ins Deutsche übersetzt von Dr. Maia Panjikidze, Tiflis

Bibliografische Information der Deutschen Nationalbibliothek
Die Deutsche Nationalbibliothek verzeichnet diese Publikation in der Deutschen Nationalbibliografie; detaillierte bibliografische Daten sind im Internet über http://dnb.d-nb.de abrufbar.

Hinweis: Dieses Buch wurde auf chlorfrei gebleichtem Papier gedruckt. Die zum Schutz vor Verschmutzung verwendete Einschweißfolie ist aus Polyethylen chlor- und schwefelfrei hergestellt. Diese umweltfreundliche Folie verhält sich grundwasserneutral, ist voll recyclingfähig und verbrennt in Müllverbrennungsanlagen völlig ungiftig.

Dieses Buch wurde mit Unterstützung des „Georgian National Book Center“ und des georgischen Ministeriums für Kultur und Denkmalschutz publiziert.

GEORGIAN NATIONAL BOOK CENTER

Auf Wunsch senden wir Ihnen gerne kostenlos unser Verlagsverzeichnis zu:
Leopold Stocker Verlag GmbH
Hofgasse 5/Postfach 438
A-8011 Graz
Tel.: +43 (0)316/82 16 36
Fax: +43 (0)316/83 56 12
E-Mail: stocker-verlag@stocker-verlag.com
www.stocker-verlag.com

ISBN 978-3-7020-1668-5

Layout und Repro: Werbeagentur Rypka GmbH, 8143 Dobl/Graz, www.rypka.at

VORWORT VOM CHEFKOCH

DER AUTOR
Schota Dwalischwili arbeitet als Chefkoch bei der bekannten georgischen Restaurantkette „Maspindzelo“, die sich auf die landestypische Küche spezialisiert hat, und lebt in der Hauptstadt Tiflis.

FÜR GOURMETS ODER EINFACH FÜR DIE, DIE GERNE IN DER KÜCHE TÜFTELN, ABER EBENSO FÜR KOCHANFÄNGER IST DIESES BUCH EIN HERVORRAGENDES GESCHENK.

Das Buch stellt die Vielfältigkeit der georgischen Küche bestens dar. Hier finden Sie rund 90 georgische Kochrezepte: Salate, kalte und warme Gerichte, Fischgerichte, Suppen, Teigrezepte, eingelegtes/mariniertes Gemüse, Soßen und Desserts. Jedes Rezept enthält genaue Angaben zu allen Zutaten, ausführliche Schilderungen der Zubereitungsschritte, einen Variationsvorschlag zum Rezept oder eine praktische Empfehlung und das entsprechende Foto des fertigen Gerichts.

Die Rezepte sind geprüft und haben sich in der in Georgien bekannten Restaurantkette „Maspindzelo!“ bewährt, daher sind Sie vor Fehlern bewahrt.

Decken Sie sich mit den Zutaten für Ihr Wunschgericht ein, folgen Sie den detaillierten Anweisungen und lassen Sie sich vom Ergebnis überraschen. Ihre Gäste werden es Ihnen danken.

Viel Erfolg!
Schota Dwalischwili

VORWORT DER ÜBERSETZERIN

WENN ES SO ETWAS WIE EIN SAMMELSURIUM FASZINIERENDER WÖRTER AUS ALLEN SPRACHEN GÄBE, DANN WÄRE DER BEITRAG DER GEORGISCHEN SPRACHE DAZU BEACHTLICH.

„Gwino“ ist eines der ältesten georgischen Wörter – aus diesem sind die Bezeichnungen *Vino* oder auch Wein in andere Sprachen übergegangen. Ein paar andere Wörter, die sich in einer solchen Liste wiederfänden, wären sicherlich die „Supra“ – die georgische Bezeichnung für eine Festtafel, „Tamada“ – der Tischleiter, dem die Pflicht und Ehre obliegt, Trinksprüche zu verlauten, und „Gaumarjos“ – was sich als „Prost“ übersetzen ließe, wörtlich jedoch „Du sollst siegen“ bedeutet.

Kenner der georgischen Kultur wird es kaum verwundern, dass all diese Wörter eng mit dem Essen und Trinken verbunden sind. Eine alte georgische Legende erzählt nicht grundlos davon, dass die Georgier genau dann gefeiert und zu Ehren Gottes getrunken haben, als dieser im Begriff war, die Erdteile an die Völker zu verteilen. Als die Georgier angetrunken und verspätet zur Verteilung kamen, war kein Land mehr übrig, das Gott ihnen noch hätte geben können. Die Trinksprüche der Georgier gefielen Gott aber so sehr, dass er ihnen das Stück Erde überließ, das er für sich selbst auserkoren hatte. So erhielten die Georgier den schönsten Flecken der Erde, gesäumt von traumhaft schneebehangenen Bergen, dem Meer, der Landschaft mit weiten Feldern und Tälern, wo alles üppig wächst und gedeiht.

Eine georgische Supra geht über die bloße Nahrungs- und Flüssigkeitsaufnahme hinaus. Sie ist eine Tradition, ein Ritual, eine Begegnung von Jung und Alt, eine gegenseitige Liebeserklärung der Feiernden. Ein mehrstündiges Gelage, begleitet von kulinarischen Meisterwerken, die in einer typischen Reihenfolge gereicht werden. Alle Speisen werden auf der Tafel aufgelegt, jeder Gast darf sich so lange bedienen, wie er dies wünscht. Der Tamada sorgt für die richtige Reihenfolge der Trinksprüche – es wird auf den Frieden getrunken, auf die Liebe, auf die Heimat, auf Eltern und Kinder, die Gäste im Einzelnen und zuletzt auf den Tamada selbst – dem im besten Fall großes Lob für seine gelungene Feier, seinen Einfallsreichtum und seine Wortgewandtheit zu Teil wird. Die georgische Supra wird nicht selten von Gesang begleitet – eine optimale Gelegenheit für die Gäste, ihre künstlerischen Begabungen zur Schau zu stellen.

Dieses Kochbuch führt Sie durch die kulinarische Welt Georgiens. Die Rezepte finden Sie in der Reihenfolge angeordnet, in der sie typischerweise auf einer Supra serviert werden. Zu einer festlichen Tafel würden Sie in Georgien mindestens eine Speise aus jedem Buchkapitel finden. Die Gerichte werden hier so vorgestellt, wie man sie in Georgien zubereitet. An einigen Stellen bieten wir Ihnen zu Produkten, die außerhalb Georgiens üblicherweise nicht verfügbar sind, Alternativen an, mit denen Ihre Speisen genauso gut gelingen. So zum Beispiel die verschiedenen Käsesorten „Sulguni“ (ein Salzlakenkäse, kann durch Mozzarella ersetzt

werden) oder imeretischer Käse (ähnlich wie Feta) oder „Nadugi" (eine Art Frischkäse). Auch die Gewürze, die in Europa nicht so bekannt sind, wie beispielsweise gemahlener Bockshornklee (lat. *Trigonella foenum-gracum*), gemahlener Koriander, gemahlene Ringelblumenblüten (lat. *Calendula officinalis*) oder verschiedene Minze-Arten finden Sie oft in asiatischen Supermärkten. Tkemali-Soße (Kirschpflaumensoße) oder Adschika (eine scharfe Paste aus Paprika, Knoblauch und Gewürzen) werden oft als ergänzende Soßen zum Fleisch oder als Zutat für bestimmte Gerichte verwendet. Auch für die Zubereitung dieser Rezepte sind Sie mit diesem Buch bestens gewappnet. Viele georgische Gerichte werden mit Walnüssen zubereitet – die gesündeste aller Nüsse findet man gleichermaßen in Vorspeisen, Hauptgerichten wie auch in Desserts. Es lohnt sich daher schon aus mehreren Gründen, einen kleinen Vorrat anzulegen.

Damit sind Sie gewappnet für das Abenteuer der georgischen Küche. Als gute Abrundung darf natürlich auch georgischer Wein nicht fehlen, der im gut sortierten Weinfachhandel mittlerweile auch in Europa zu finden ist.

Ich wünsche Ihnen viel Vergnügen
auf dieser kulinarischen Reise.
Gaumarjos!

Maia Panjikidze

ÜBER DIE ÜBERSETZERIN

Dr. Maia Panjikidze (geb. in Tiflis) ist promovierte Philologin, Autorin zahlreicher Werke über die Deutsche Sprache und Literatur und Übersetzerin sowohl aus dem Deutschen ins Georgische als auch aus dem Georgischen ins Deutsche. Sie spricht neben Deutsch auch fließend Englisch, Russisch und Niederländisch.

Panjikidze verfolgte neben ihrer akademischen Karriere – unter anderem war sie von 1988 bis 1994 als Dozentin für Deutsche Sprache und Literatur an der Staatlichen Universität Tbilissi und von 2010 bis 2011 als Professorin am Lehrstuhl für Philologie an der Guram Tavartkiladze Universität Tbilissi tätig – eine langjährige diplomatische und politische Laufbahn. Sie diente ihrem Land als Botschafterin in Deutschland von 2004 bis 2007 und in den Niederlanden von 2007 bis 2010. Sie bekleidete diverse Posten im Außenministerium, von der Position des ersten Sekretärs zu Beginn ihrer Karriere 1994 bis hin zur stellvertretenden Ministerin 2004. Von 2012 bis 2014 besetzte sie die Position der Außenministerin. Seither arbeitet sie ehrenamtlich als Beauftragte für Auswärtige Angelegenheiten bei der Partei der Freien Demokraten.

INHALTS-VERZEICHNIS

LEGENDE: Kochzeit Bratzeit Portionenzahl Zubereitungszeit

DIE GESCHICHTE GEORGIENS …

EINFÜHRUNG

… REICHT TIEF IN MYTHISCHE ZEITEN ZURÜCK. DAS SAGENHAFTE KÖNIGREICH KOLCHIS, NACH DEM DIE ARGONAUTEN SEGELTEN, UM DAS GOLDENE VLIES ZU RAUBEN, LAG IM WESTEN DES HEUTIGEN GEORGISCHEN STAATSGEBIETES.

Und Prometheus, der den Menschen das Feuer brachte, wurde zur Strafe dafür vom Göttervater Zeus an die Felsen des Kaukasus geschmiedet, jener Gebirgskette, die das Land noch heute im Norden umgrenzt. Schon mehrere Jahrhunderte vor Christus wurden im Königreich Kolchis Münzen mit dem Namen „Tetri" geprägt, und genauso heißen auch die heute gültigen Münzen Georgiens.

Im ersten vorchristlichen Jahrhundert begann der römische Konsul Pompeius mit der Eroberung dieses Gebietes, das mehrere Jahrhunderte Roms östlichster Außenposten blieb. Noch heute

Unweit des Dorfes Ganisi nahe des Skigebietes Gudauri – die georgischen Berge bieten auch im Sommer eine traumhafte Kulisse für sport- und wanderbegeisterte Besucher.

Die Georgskirche von Alawerdi ist ein Musterbeispiel von georgischer Sakralarchitektur aus dem 12. Jahrhundert.

künden archäologische Funde von griechischen Siedlungen und römischer Herrschaft. Das größte Aufsehen hat aber die Ausgrabung von Dmanissi im Jahre 1991 erregt: Dort wurden 1,85 Mio. Jahre alte Fossilien eines Hominiden gefunden, die belegen, dass die Vertreter der Gattung *Homo* schon 300.000 Jahre früher nach Europa und Asien vordrangen, als ursprünglich angenommen.

Georgisch – das noch heute von etwa 4 Mio. Menschen gesprochen wird – ist eine der ältesten lebenden Sprachen der Welt, mit einer eigenen originellen Schrift, die bis ins 5. Jahrhundert zurück datiert.

Georgien ist auch eine der drei ältesten christlichen Nationen, schon 337 wurde das Christentum Staatsreligion. Über viele Jahrhunderte bedrängten Araber, Mongolen, Türken und Perser unter dem grünen Banner des Islam das Land, wurden weite Teile immer wieder von fremden Heeren verwüstet und die ansässige Bevölkerung massakriert. Allein im Jahr 1614 töteten die Perser binnen weniger Wochen mehr als 100.000 Georgier und trieben noch einmal so viele in den Iran. Es grenzt an ein Wunder, dass Georgien trotz aller Not stets seine Unabhängigkeit bewahren konnte, selbst als es nach dem 15. Jahrhundert in mehrere Fürstentümer zerfiel. Erst als das Zarenreich zu Beginn des 19. Jahrhunderts so mächtig geworden war, dass es sich Georgien einverleiben konnte, fand diese Bedrängnis ein Ende, Georgien hatte aber damit seine Unabhängigkeit verloren.

Die Geschichte erklärt auch, warum das orthodoxe Christentum bis heute eine so große Rolle für die Georgier spielt. Besonders populär ist der Kult des heiligen Georgs, auf den der Name des Landes zurückgeht. Sich selbst aber nennen die Georgier Kartvelebi und ihr Land Sakartvelo. Zu den ältesten christlichen Sakralgebäuden zählen die Antschischati Kirche in der Hauptstadt Tiflis (Tbilissi) und das orthodoxe Kloster Dschwari auf einem Berg über der alten Hauptstadt Mzcheta, beide aus dem 6. Jahrhundert. Auch das Wüstenkloster Dawit Garedscha im Südosten des Landes stammt aus dieser Zeit. Die im Westen nahe der Stadt Kutaissi gelegene Klosteranlage Gelati war das wichtigste Kultur- und Bildungszentrum Georgiens in der Zeit der Renaissance. Auch die Höhlenstadt Wardsia im Süden Georgiens mit ihren weitläufigen Klosteranlagen entstand im 12. Jahrhundert. Dort befindet sich auch ein Fresko der Königin Tamara, unter deren Herrschaft das Land seine größte Machtstellung erreichte und sich vom Schwarzen Meer bis an die Küste der Kaspischen See erstreckte. Sogar der römisch-deutsche Kaiser Friedrich Barbarossa wollte einen seiner Söhne mit der georgischen Königin Tamara verheiraten.

Die Höhlenstadt Wardsia im Süden Georgiens ist seit Jahrhunderten unbewohnt, das Höhlenkloster Wardsia aber war trotz seiner Zugehörigkeit zum Osmanischen Reich bis ins 19. Jahrhundert von Mönchen bewohnt.

Die Dörfer von Uschguli mit ihren mittelalterlichen Wehrtürmen sind die am höchsten gelegene Siedlung Europas, über ihr ragt der Schchara, der mit 5.200 m Seehöhe als höchster Berg Georgiens und dritthöchster Berg des Großen Kaukasus gilt.

DIE BERGREGIONEN

Einen besonderen Eindruck hinterlässt bei allen Reisenden die an den Hängen des Kaukasus gelegene Region Swanetien. Dort liegt auf 2.200 m Seehöhe auch Uschguli, die höchste von Menschen bewohnte Siedlung Europas. Durch das einzigartige Klima Georgiens kann sogar dort noch ein wenig Ackerbau betrieben und Obst von Apfelbäumen geerntet werden. Doch es ist nicht nur die grandiose Berglandschaft, die die Faszination Swanetiens ausmacht, es sind vor allem auch die zahlreichen aus dem Mittelalter stammenden Wehrtürme, die Teil des Unesco-Welterbes geworden sind.

Auch in großen Höhenlagen von mehr als 2.000 m findet im begünstigten Klima Georgiens noch begrenzter Ackerbau statt.

Ursprünglich verfügte jedes bäuerliche Gehöft über einen solchen Wehrturm, um die Bewohner vor Einfällen räuberischer Stämme, die nördlich des Kaukasus siedelten, zu schützen. Auch die georgischen Herrscher haben sich in Zeiten der Bedrängnis immer wieder in diese abgelegene Region zurückgezogen, deren Bewohner von Feudallasten befreit waren. Bedeutende Kirchenschätze und sogar der georgische Staatsschatz wurden lange in Swanetien aufbewahrt.

Das Leben der Bergbewohner war weit weniger fremden Einflüssen ausgesetzt, als jenes der Menschen in den Tälern. So haben sich dort noch viele vorchristliche Rituale erhalten, ganz besonders in der Region Chewsuretien im Nordosten des heutigen Georgien. Nicht nur viele Bräuche dieser Region sind archaisch, auch die burgenartige Bauweise der Wohnhäuser ist es. Gut erhalten sind diese Gebäude etwa in der Stadt Schatili.

Eine andere im Osten an den Hängen des Großen Kaukasus gelegene Region Georgiens ist Tuschetien, deren erst spät christianisierte Bewohner im 17. Jahrhundert Kachetien vor den Persern befreit haben. Zum Dank dafür erhielten sie ein fruchtbares, tiefergelegenes Tal geschenkt. Bis heute leben die Tuschen im Winter in diesem Tal und im Sommer als Schafhirten in den Bergen. Uralte heidnische Traditionen haben sich in dieser abgelegenen Gegend bis zu unseren Tagen gehalten. Das von tiefen Schluchten, mächtigen Gipfeln und alten Wehrtürmen geprägte Gebiet ist heute eine wichtige touristische Attraktion.

Ein einzigartiges Beispiel georgischer Architektur ist die mittelalterliche Burgstadt Schatili in der Region Chewsuretien.

TIFLIS/TBILISSI

Der Legende nach wurde die Hauptstadt Georgiens im 15. Jahrhundert von Mzcheta nach Tiflis aufgrund der dort sprudelnden Thermalquellen verlegt. Doch die multikulturelle Stadt, die am Kreuzungspunkt mehrerer Karawanenwege lag, war seit jeher der Schlüssel zu Georgien und zum ganzen Transkaukasus. Byzantiner, Chasaren, Türken und Perser versuchten sie zu erobern, schließlich wurde sie im 7. Jahrhundert von den Arabern eingenommen, danach wechselten ihre muslimischen Her-

Die über dem fruchtbaren Weinland von Kachetien gelegene Stadt Signagi war eine der westlichsten Stationen der uralten Seidenstraße.

Kachetien ist eine der wichtigsten Weinanbauregionen Georgiens, mit einer nahezu 8.000 Jahre alten Tradition. Die wichtigste Rotweinsorte ist Saperavi, der Markenname des bekanntesten Weißweins lautet Zinandali, ein Verschnitt aus den lokalen Rebsorten Rkaziteli und Mzwane. Mehr als 500 autochthone Rebsorten konnten in Georgien identifiziert werden, 38 von ihnen sind für den kommerziellen Weinbau zugelassen.

Georgiens Hauptstadt Tiflis (Tbilissi) ist mit fast 1,5 Mio. Einwohnern entlang des Flusses Kura entstanden.

ren. Im 12. Jahrhundert konnte sie der georgische König Dawit der Erbauer zu seiner Hauptstadt machen, sogar Marco Polo berichtete von ihrer Pracht.

Immer wieder litt die Stadt unter feindlichen Einfällen, zuletzt wurde sie 1795 von einer iranischen Armee niedergebrannt. Auch wenn das heutige Tiflis im Wesentlichen im 19. Jahrhundert unter russischer Herrschaft entstanden ist, wurde die Stadt doch von ihren verschiedenen Bewohnern, von Georgiern, Armeniern, Juden, Kurden, Aserbaidschanern, Griechen und Vertretern anderer Nationalitäten geprägt, die jeweils in eigenen Häusern mit verzierten Balkonen und kleinen Höfen lebten. In solchen alten Stadtvierteln kann man georgische und armenische orthodoxe Kirchen, Synagogen, Moscheen und sogar Spuren der versunkenen zoroastrischen Religion finden.

Heute hat die Stadt fast 1,5 Mio. Einwohner und sie wächst weiter. Die modernen Siedlungen mit ihren Hochhäusern und Supermärkten entsprechen den Quartieren in anderen europäischen Städten. Doch das Beste, was den Besuchern passieren kann, ist, sich in der Altstadt von Tbilissi zu verirren. Nur dann bummeln sie durch Seitengassen, stolpern über kleine Teehäuser, moderne Gaststätten, traditionelle Bäckereien, Teppichläden und Badehäuser. Dort lebt noch das alte Tiflis, das vom russischen Poeten Alexander Puschkin, vom französischen Autor Alexandre Dumas und vom norwegischen Dichter Knut Hamsun beschrieben wurde.

Das Bild von Alt-Tiflis wird von kunstvoll verzierten Balkonen und Terrassen geprägt.

DIE NATUR IN GEORGIEN

Schwerlich findet man auf der Weltkarte ein Land, das auf so kleiner Fläche so viele verschiedene Landschaften und Klimazonen, so unterschiedliche Flora und Fauna vereinigt hat. Subtropisch dichter Urwald am Schwarzen Meer wechselt mit den Mooren und Feuchtgebieten des westlichen Georgiens, den Bergsteppen und Seen im Osten, den Halbwüsten und Waldsteppen im Südwesten sowie den Bergwäldern, Alpenwiesen und schneebedeckten Gipfeln des Kaukasus im Norden ab. Binnen einem einzigen Tag kann der Reisende die verschiedensten Klima- und Vegetationszonen durchqueren.

Das Lichi-Gebirge, das sich vom Großen Kaukasus im Norden zum Kleinen Kaukasus im Süden des Landes zieht, teilt Georgien und verhindert die Bewegung der Wolken aus dem Schwarzen Meer ostwärts. Deshalb ist das Klima im Westen Georgiens recht feucht, mit bis zu 4.000 mm Niederschlägen im Mtirala-Nationalpark in der Region Adscharien, während der Osten weit trockener ist, wo manche Halbwüstengebiete mit nur 100 mm Niederschlag auskommen müssen. Doch gerade dort leben seltene Vögel, wie der Schmutzgeier und der Kaiseradler, das Stachelschwein, Schakale und sogar Leoparden.

40 % des Territoriums Georgiens sind mit Wäldern, vorwiegend Laubwäldern, bedeckt. Verschiedene Hirscharten, Rehe, Bären, Wölfe und Luchse bewohnen diese Regionen, die auch ein Eldorado für Vogelfreunde sind. Insbesondere die Moore von Kolkheti liegen auf einem Hauptweg der Vogelzüge. Millionen von Vögeln machen hier zweimal jährlich Station oder überwintern sogar in der Region. In der Dschawacheti-Hochebene im Kleinen Kaukasus liegt auf 2.000 m Höhe der größte See des Landes, der Parawani-See. Dort sind sogar Pelikankolonien heimisch.

„Schwein gehabt": In den ländlichen Regionen Georgiens dürfen viele Nutztiere noch artgerecht leben.

Auf den unbezwingbaren Höhen des Großen Kaukasus hingegen lebt ein einzigartiges Tier – die Kaukasusziege. Sie verbringt den Großteil des Jahres auf mehr als 3.000 m Seehöhe. Auch Bezoarziegen, Steinadler, Bartgeier, Gänsegeier und eine Vielfalt anderer Vögel findet man in diesen Höhenlagen. Selbst die Pflanzenwelt ist einzigartig: Viele Arten sind in Georgien oder zumindest im Kaukasus endemisch, also nur hier verbreitet.

Blick auf den Tobawartschchili-See auf rund 2.650 m Seehöhe im Nordwesten der Region Mingrelien-Oberswanetien

Batumi ist eines der Touristenzentren am Schwarzen Meer. Auch sein Meeresmuseum und sein Delphinarium ziehen viele Besucher an.

VOLKSKULTUR

Georgien ist durch seine Polyphon-Musik bekannt, sei es im Volkslied oder bei den geistlichen Liedern. Im Jahr 1977 hat die amerikanische Weltraumsonde „Voyager" das polyphone georgische Nationallied Chakrulo als Bestandteil des Weltkulturerbes in die Weiten des Universums geschickt. Auch von der Unesco wurde die georgische Polyphon-Musik als Teil des Weltkulturerbes anerkannt. Bis heute singen die Georgier gerne bei gemeinsamen Mahlzeiten, aber auch bei fröhlichen und traurigen Ereignissen während des menschlichen Lebens bis bin zu den Begräbnissen. Jedes Gebiet Georgiens hat seine eigenen Lieder und seinen eigenen Aufführungsstil. In der Regel ist die georgische Polyphonie dreistimmig. In der westlichen Region Gurien gibt es aber sogar siebenstimmige Lieder.

Jeden Sommer versammeln sich in der Hauptstadt Tbilissi im Rahmen des Festivals „ArtGen" professionelle Sänger und Amateure, die das altertümliche Liedgut Georgiens zur Aufführung bringen. Das Festival findet im Museum für Völkerkunde Georgiens statt, einem großen Freiluftpark, in dem alte Häuser aus allen Landesteilen vertreten sind. Auch moderne Popbands nehmen daran teil.

Auch der georgische Tanz ist ein wesentlicher Bestandteil der nationalen Kulturtradition. Männer in bunten Trachten führen zu den Klängen von Trommeln, Flöten und Akkordeons Sprünge und kühne Figuren aus, begleitet von geschwungenen Schwertern, Dolchen und Fackeln. Umkränzt werden sie von graziös tanzenden Frauen.

SPORT UND ERHOLUNG

Im Sommer ist die georgische Schwarzmeerküste von Urlaubern übersät. Batumi, die größte Stadt der Region, Kobuleti und andere Ferienorte quellen von Besuchern über. Die Region Adscharien, in der auch viele Muslime leben, ist das Hauptferienziel von Badegästen an der Schwarzmeerküste.

Bereits im 19. Jahrhundert wurden die Mineralquellen Georgiens genutzt und der Kurort Bordschomi im Kleinen Kaukasus gegründet. Die Heilquellen dieser Region ziehen bis heute viele Besucher an, gleichzeitig wird in Bordschomi das bekannteste Mineralwasser Georgiens erzeugt, das durch seinen besonderen Geschmack auch viele Liebhaber weit über die Landesgrenze hinaus gefunden hat.

Das Skigebiet von Gudauri entwickelt sich seit einigen Jahren gewaltig, seine Pisten befinden sich auf einer Höhe von 1.900 bis 3.300 m.

Die Dreifaltigkeitskirche von Gergeti liegt vor den Hängen des Kasbek. Tief unter ihm vorbei führt die alte Heerstraße, die noch heute Georgien mit Russland verbindet. Die im 14. Jahrhundert auf einer Höhe von mehr als 2.100 m errichtete Kirche hat sogar der russische Poet Puschkin in einem Gedicht beschrieben.

Natürlich kann auch Bergsport betrieben werden: In Georgien gibt es zwei Hauptskigebiete, einerseits Bakuriani im Kleinen Kaukasus und andererseits Gudauri, das nur 120 km von Tiflis entfernt an den Hängen des Großen Kaukasus liegt.

Die einsamen Berggebiete des Kaukasus eignen sich wunderbar für Wanderungen abseits der Touristenrouten. Von Mestia in Swanetien, von Tuschetien oder entlang der alten Heerstraße, die über den Kasbegi-Pass in Richtung Russland geht, führen viele oft unmarkierte Wanderwege auf die umliegenden Gipfel. Der höchste Berg Georgiens ist der in Swanetien gelegene Schchara mit 5.200 m Höhe, aber auch eine Besteigung des Kasbek zieht viele Bergsteiger an. Doch es muss nicht der Gipfelsieg in solchen extremen Höhenlagen sein, auch der bloße Trekking-Tourist kommt in der einzigartigen Bergwelt Georgiens auf seine Kosten.

Ob Wandern oder Bergsteigen, Fototouren, Ökotourismus, Allrad-Abenteuer, Vogelbeobachtung, Höhlenforschung, Rafting, Reiten oder Mountainbiking: Georgien hat für Aktiv-Touristen aller Art eine schier unglaubliche Vielfalt von Möglichkeiten zu bieten!

SALATE

AUBERGINEN MIT WALNÜSSEN

20 Min. | 4 Portionen | 30 Min.

GRUNDZUTATEN
1 kg Auberginen • Salz zum Bestreuen • Öl zum Braten

ZUTATEN FÜR DIE FÜLLUNG
400 g Walnüsse • 4 Zehen Knoblauch • ½ TL Bockshornklee, gemahlen • ½ TL Koriander, gemahlen
½ TL Chiliflocken • Salz • 20 g frischer Koriander

1 Granatapfel • einige Blätter Petersilie

1. Mittelgroße Auberginen waschen und der Länge nach zu etwa 1 cm breiten Scheiben schneiden, in eine Schüssel geben und mit Salz bestreuen, 15 Min. ruhen lassen, damit den Auberginen Säure genommen wird.
2. Die gesalzenen Auberginen mit Wasser abspülen und in einer Siebschüssel 10 Min. abtropfen lassen.
3. In einer Pfanne Öl erhitzen und die Auberginen von beiden Seiten anbraten. Darauf achten, dass die Auberginen nicht dunkel und rötlich werden.
4. Für die Füllung Walnüsse und Knoblauch zusammen durch den Fleischwolf drehen, Bockshornklee, Koriander, Chili und Salz dazugeben und gut vermengen.
5. Den frischen Koriander klein hacken und zu der Masse geben. Die Walnussmasse auf den gebratenen Auberginen verteilen und diese wie Rouladen rollen.
6. Vor dem Servieren mit Granatapfelkernen und Petersilie dekorieren.

VARIATIONEN
Die gebratenen Auberginen können auch zerkleinert und dann mit der Walnussfüllung vermischt werden.

Der Füllung können je nach Wunsch frische oder im Öl kurz angeschwitzte, klein gehackte Zwiebeln und Essig zugegeben werden.

Wer lieber fettarm kocht und das Gericht nicht für Gäste zubereitet, kann diese Vorspeise auch mit gekochten Auberginen zubereiten und mit der gleichen Masse vermischen.

HINWEIS
Bei den Salaten bzw. Vorspeisen in diesem Kapitel dürfen „Portionen" nicht als Einzelportionen verstanden werden. Die Vorspeisen werden immer für alle Anwesenden gemeinsam auf großen Platten angerichtet, die dann jeweils für 3–4 Personen reichen.

SALATE

SPINAT MIT WALNÜSSEN

10 Min. | 4 Portionen | 30 Min.

ZUTATEN

2 kg Spinatblätter • 500 g Walnüsse • 4–5 Zehen Knoblauch • 200 g frischer Koriander • 1 TL Bockshornklee, gemahlen • 1 TL Koriander, gemahlen • ½ TL Chiliflocken • Salz • ½ TL Weinessig nach Belieben

1 Granatapfel • einige Blätter Petersilie

1. Die Stängel der Spinatblätter abschneiden und den Salat gründlich waschen.
2. In einem großen Topf Wasser zum Sieden bringen und die Spinatblätter darin kurz blanchieren.
3. Die Spinatblätter abkühlen, die Flüssigkeit aus dem Spinat gründlich auspressen und zusammen mit Walnüssen, Knoblauch und frischem Koriander durch den Fleischwolf drehen.
4. Der Masse Bockshornklee, Koriander, Chili und Salz beigeben und nach Belieben mit Essig beträufeln, das Ganze gründlich miteinander vermengen.
5. Vor dem Servieren der Spinatmischung die gewünschte Form geben und mit Granatapfelkernen und Petersilie dekorieren.

SPINAT MIT ZWIEBELN

Blanchierte Spinatblätter durch den Fleischwolf drehen, Knoblauch, fein gehackten frischen Koriander, in Öl gedünstete Zwiebeln sowie Salz und Pfeffer dazugeben und alles gut vermengen.

HINWEIS

Dieses traditionell georgische Gericht enthält mit Walnüssen, Koriander, Bockshornklee und Granatäpfeln eine Reihe typischer georgischer Zutaten und ist nicht nur lecker, sondern auch gesund.

ROTE BETE MIT WALNÜSSEN

10 Min. | 5 Portionen | 30 Min.

ZUTATEN

500 g Rote-Bete-Knollen • 2 kg Laubblätter der Roten Bete • 700 g Walnüsse • 4–5 Zehen Knoblauch
200 g frischer Koriander • 1 TL Bockshornklee, gemahlen • 1 TL Koriander, gemahlen • ½ TL Chiliflocken
Salz • Essig (nach Belieben)

Einige Blätter Petersilie • 1 Granatapfel

1. Die Rote Bete putzen und auf niedriger Hitze kochen.
2. Die Laubblätter waschen und die Stielansätze abschneiden.
3. Die Blätter im siedenden Wasser ganz kurz blanchieren.
4. Die Blätter herausnehmen, die Flüssigkeit auspressen und zusammen mit den gekochten Knollen, den Walnüssen, dem Knoblauch und dem frischen Koriander durch den Fleischwolf drehen.
5. Die entstandene Masse mit Bockshornklee, Koriander, Chili und Salz vermengen, nach Wunsch mit Essig beträufeln und gut durchmischen.
6. Vor dem Servieren dem Salat die gewünschte Form geben und mit Petersilienblättern und Granatapfelkernen dekorieren.

ROTE BETE MIT SOSSE

Die gekochten Knollen würfeln, darüber Pflaumensoße (Tkemali-Soße) geben und mit klein gehacktem Koriander, Korianderpulver, Salz und Pfeffer abschmecken.

HINWEIS

Tkemali-Soße (Rezept S. 158) wird traditionell aus Kirschpflaumen (oder Myrobalanen, *Prunus cerasifera*) hergestellt. Die scharf-säuerliche Sauce harmoniert hervorragend mit Fleischgerichten, passt aber auch zu Gemüsegerichten.

WEISSKOHLROULADE MIT WALNÜSSEN

10 Min. 5 Portionen 35 Min.

ZUTATEN

1 Weißkohl (mittelgroß) • 500 g Walnüsse • 30 g Knoblauch • ½ TL Bockshornklee, gemahlen
½ TL Koriander, gemahlen • ½ TL Chiliflocken • Salz • 20 g frischer Koriander • Essig (nach Belieben)
1 Karotte

Einige Blätter Petersilie (nach Belieben) • 1 Granatapfel

1. Den ganzen Weißkohlkopf in kochendes Wasser tauchen, nach und nach die gekochten Blätter vorsichtig vom Kohlkopf lösen und auf einem Tablett abkühlen lassen.
2. Für die Füllung Walnüsse und Knoblauch durch den Fleischwolf drehen, Bockshornklee, Koriander, Chili und Salz dazugeben. Mit frischem Koriander und eventuell Essig vermengen.
3. Von den gekochten Weißkohlblättern die dicke Mittelrippe herausschneiden, auf dem Tablett nebeneinander ausbreiten und mit der Nussfüllung bestreichen. Diese mit in kleine Streifen geschnittenen Karotten belegen und das Ganze zu einer Roulade rollen.
4. Die Roulade in Scheiben schneiden. Vor dem Servieren mit Petersilie und Granatapfelkernen dekorieren.

GEDÜNSTETER WEISSKOHL

Dem Weißkohl den Strunk so herausschneiden, dass er leicht zu würfeln ist. Etwas Öl in einen Topf geben und darin gehackte Zwiebeln dünsten. 2 EL Tomatenmark in 200 ml Wasser auflösen und die Zwiebeln hinzugeben, 5 Min. köcheln lassen. Den gewürfelten Weißkohl dazugeben und in der Tomatensoße dünsten lassen. Fein gehackte Petersilie dazugeben und mit Salz und Pfeffer abschmecken.

GRÜNE BOHNEN MIT WALNÜSSEN

45 Min. 4 Portionen 1 Std.

ZUTATEN

1 kg grüne Bohnen • 500 g Walnüsse • 30 g Knoblauch • 200–300 g Zwiebeln • 500 g grüner Paprika
100 g Öl • 100 ml Essig • 100 g frischer Koriander • Salz • Pfeffer

1. Die grünen Bohnen waschen, Spitzen abschneiden und im kochenden Wasser kurz kochen lassen.
2. Die Bohnen herausnehmen, abkühlen lassen und grob schneiden.
3. Walnüsse durch den Fleischwolf drehen, Knoblauch zerdrücken, Zwiebeln in runde Scheiben schneiden, Paprika der Länge nach in dünne Streifen schneiden.
4. Öl in der Pfanne erhitzen, geschnittenen Paprika und Zwiebeln dazugeben, gepressten Knoblauch unterrühren und dünsten lassen.
5. Das gedünstete Gemüse vom Herd nehmen und abkühlen lassen. Walnüsse, Essig, fein gehackten Koriander, Salz und Pfeffer dazugeben und gut vermengen.
6. Die Walnussmischung mit den Bohnen vermengen.

BOHNEN IN ÖL

Den Bohnen die Spitzen abschneiden, in die gewünschte Länge brechen und kochen. Das Wasser abgießen. In einer Pfanne Öl erhitzen und darin die Zwiebeln glasig dünsten, diese den gekochten Bohnen beigeben und zusammen dünsten. Zum Schluss klein gehackten Koriander und zwei geschlagene Eier untermischen. Mit Salz und Pfeffer abschmecken und noch weitere 5 Min. dünsten lassen.

ROTER PAPRIKA MIT WALNÜSSEN

5 Min. · 4 Portionen · 30 Min.

ZUTATEN
500 g roter Paprika • 1 l Öl • 1,5 kg Walnüsse • 30 g Knoblauch • 1 TL Bockshornklee, gemahlen
1 TL Chiliflocken • 1 TL Koriander, gemahlen • Salz • 20 g frischer Koriander • Essig nach Belieben

Einige Blätter Petersilie • Gurkenscheiben

1. Paprika waschen und putzen, Deckel abschneiden, Trennwände und Samen entfernen.
2. Öl in einer tiefen Pfanne erhitzen, Paprika hineingeben und dünsten lassen, bis sie goldbraun werden. Paprika herausnehmen und in einer Siebschüssel das Öl abtropfen lassen.
3. Für die Füllung Walnüsse und Knoblauch durch den Fleischwolf drehen, gründlich mit Gewürzen und Salz vermengen. Fein gehackten frischen Koriander dazugeben und nach Belieben mit Essig abschmecken.
4. Die Walnussfüllung in die Paprikaschoten füllen.
5. Vor dem Servieren mit Petersilie und Gurkenscheiben dekorieren.

VARIATION
Paprika in Scheiben schneiden, Tomaten entkernen, entsaften und ebenfalls in Scheiben schneiden, Öl in einer Pfanne erhitzen und Paprika und Tomaten darin braten. Das gebratene Gemüse abkühlen lassen und mit der gleichen Walnussfüllung vermengen. Ebenfalls mit Petersilie und Gurkenscheiben dekorieren.

NADUGI IN SULGUNI-KÄSEBLÄTTERN

15 Stück · 15 Min.

ZUTATEN

100 g Pfefferminze • 500 g Nadugi (Frischkäse) • saure Sahne, Schmand oder Milch zum Verdünnen
Salz • 10 Sulgunikäsescheiben (alternativ dünne Scheiben Schnittkäse, z. B. Edamer) • Petersilie

1. Pfefferminze waschen, trocknen und sehr klein hacken.
2. Nadugi in eine Schüssel geben, mit Milch, saurer Sahne oder Schmand verdünnen und mit Pfefferminze und Salz abschmecken.
3. Fünf Sulgunikäsescheiben in der Mitte teilen, daraus kleine Tüten formen und diese mit Nadugifüllung füllen.
4. Die übrigen fünf Scheiben ausbreiten, in die Mitte etwas Füllung legen und wie einen Sack mit Petersilie zusammenbinden. Auf Tellern anrichten und mit Petersilie dekorieren (siehe Bild).

VARIATIONEN

Nadugi kann auch ohne Sulgunischeiben serviert werden.
Nadugi mit saurer Sahne oder Milch verdünnen, mit Pfefferminze und Salz abschmecken, in Gläser geben und im Kühlschrank kühlen lassen. Dazu passt Fladen- (Rezept S. 130) oder Maisbrot (Rezept S. 148).

GEBSCHALIA

5 Min. · 4 Portionen · 20 Min.

ZUTATEN

1 l Milch • 500 g Sulgunikäse (alternativ Mozzarella) • 300 g Nadugi (Frischkäse) • Pfefferminze
Knoblauch und Adschika (eine scharfe Paprikapaste, Rezept S. 156) – nach Belieben • 500 ml Biojoghurt
500 ml saure Sahne • Salz

1. Die Milch zum Kochen bringen. Davon ein Glas abnehmen. Den Käse klein würfeln und in die kochende Milch geben, vorsichtig umrühren, bis eine gleichmäßige Masse entsteht.
2. Die Masse aus dem Topf nehmen und auf einer flachen Fläche ausbreiten, mit Nadugi bestreichen, fein gehackte Pfefferminze darüberstreuen und mit Adschika und zerdrücktem Knoblauch bestreichen. Wie eine Roulade einrollen und 20 Min. ruhen lassen.
3. Biojoghurt und saure Sahne in der restlichen Milch auflösen. Salzen nach Belieben. Die Roulade in gleichmäßige Scheiben schneiden, in eine Schüssel geben und die Soße aus Joghurt und saurer Sahne daraufgießen.

GURKEN- UND TOMATENSALAT MIT WALNÜSSEN

3 Portionen 20 Min.

ZUTATEN

500 g Gurken • 500 g Tomaten • 10 g Basilikum • 10 g Petersilie • 100 g Zwiebeln • 200 g Walnüsse
Salz • 1 EL Essig • scharfe grüne Peperoni nach Belieben

1. Gurken, Tomaten und Kräuter waschen. Die Gurken schälen und in Scheiben schneiden. Die Tomaten in gleichmäßige Stücke schneiden.
2. Zwiebeln schälen und in feine Ringe schneiden. Kräuter fein hacken.
3. Walnüsse durch den Fleischwolf drehen, dann im Standmixer noch feiner häckseln.
4. Das geschnittene Gemüse und die Kräuter mischen, die Walnüsse dazugeben, mit Salz abschmecken und mit Essig beträufeln.
5. Peperoni nach Belieben klein schneiden und darüberstreuen oder als ganzes Stück als Dekoration dazulegen.

SALAT MIT ÖL UND ESSIG

Gurken- und Tomatensalat schmeckt auch ohne Walnüsse. Die geschnittenen Gurken und Tomaten, in Scheiben geschnittene Paprika, dünn geschnittene Zwiebeln, fein gehacktes Basilikum und gehackte Petersilie in eine Schüssel geben, mit Salz abschmecken und gut mischen. Nach Belieben mit Zitronensaft oder Weinessig und Öl beträufeln.

GEKOCHTE EIER MIT WALNÜSSEN

15 Min. | 12 Stück | 30 Min.

ZUTATEN
6 Eier • 100 g Walnüsse • 20 ml Essig • 20 g frischer Koriander • 50 g Granatapfelkerne • Salz • Pfeffer

1. Eier hart kochen, schälen, halbieren und das Eigelb heraustrennen.
2. Das Eigelb auf einem Teller mit einer Gabel zerdrücken, geriebene Walnüsse, Essig und fein gehackten Koriander dazugeben und gut mischen. Granatapfelkerne dazugeben und mit Salz und Pfeffer abschmecken.
3. Die Walnussmischung zu Kugeln formen und in die Eihälften legen.

EIER MIT MAYONNAISE
Die Füllung kann auch mit Mayonnaise zubereitet werden: Dem Ei das Eigelb entnehmen, mit einer Gabel zerdrücken, mit Salz, gemahlenem Bockshornklee und gemahlenem Koriander abschmecken und mit Mayonnaise vermengen, damit eine dicke Masse entsteht. Die Füllung ebenfalls zu Kugeln formen und in die Eihälften legen.
Mit Petersilie und Karottenstücken dekorieren.

KALTE GERICHTE

KUTSCHMATSCHI MIT WALNÜSSEN

(INNEREIEN MIT WALNÜSSEN)

30 Min. 2 Portionen 45 Min.

ZUTATEN
500 g Innereien vom Ferkel/Jungschwein • 200 g Walnüsse • 20 g Bohnenkraut • 10 g Knoblauch
1 TL Chiliflocken • 1 TL Ringelblume, gemahlen • 1 TL Bockshornklee, gemahlen • 1 TL Koriander, gemahlen
20 g frischer Koriander • 20 ml Essig • Salz

1 Granatapfel • 20 g Berberitzen

1. Die Innereien vom Ferkel oder Jungschwein waschen und kochen.
2. In der Zwischenzeit die Walnüsse mit allen anderen Zutaten durch den Fleischwolf drehen und klein hacken.
3. Die gekochten Innereien nochmals waschen, abkühlen lassen und in gleichmäßige Würfel schneiden.
4. Die geschnittenen Innereien mit der Walnussmasse vermengen, mit Essig und Salz abschmecken.
5. Das Gericht nach Belieben mit Granatapfelkernen oder Berberitze dekorieren.

EMPFEHLUNG
Beim Kochen der Innereien Schaum vom Wasser abnehmen, dann gut abkühlen lassen, so lässt sich das Fleisch besser schneiden.

HINWEISE
In Georgien werden traditionell sämtliche Innereien von ganz jungen Tieren (ein bis zwei Wochen alt) verwendet. Bei älteren Tieren einfach die Garzeit etwas erhöhen. Wer man, kann sich auf einzelne Innereien beschränken.

Gemahlene Ringelblumen sind hin und wieder in asiatischen Supermärkten oder online zu finden. Man kann die Blüten im Sommer auch selbst ernten, trocknen und dann vermahlen. Notfalls einfach weglassen – das Gericht schmeckt trotzdem.

HÜHNERSALAT

30 Min. 4 Portionen 45 Min.

ZUTATEN
1 kg Hühnerfleisch mit Knochen • 50 g roter Paprika • 50 g grüner Paprika • 300 g Mayonnaise
10 g Dill • Salz • Pfeffer

1. Das Huhn so lange kochen, dass das Fleisch sich selbst von den Knochen löst. Das macht es einfach, es später zu zerkleinern. Aus dem Wasser nehmen und abkühlen lassen.
2. Paprika waschen, Trennwände und Samen entfernen und anschließend würfeln.
3. Das Hühnerfleisch zerkleinern, mit Mayonnaise, Paprika, fein gehacktem Dill vermengen und mit Salz und Pfeffer abschmecken.

VARIATION
1 kg Radieschen teilweise schälen, waschen, reiben und pressen. Mit 400 g gekochtem und zerkleinertem Hühnerfleisch vermengen. Mayonnaise, gemahlenen Bockshornklee, Salz und Pfeffer dazugeben und gut vermischen.

GEBRATENE WACHTELN

15 Min. | 5 Portionen | 30 Min.

ZUTATEN

5 ganze Wachteln • Salz • Adschikapaste (nach Belieben, Rezept S. 160) • 100 ml Öl • 50 g Butter

1. Die Wachteln säubern, trocknen und salzen. Nach Belieben mit Adschika bestreichen.
2. Eine Pfanne erhitzen, Öl dazugeben und die Wachteln hineingeben und gut ins Öl drücken.
3. Jeder Wachtel etwa 10 g Butter auflegen und von beiden Seiten braten.

EMPFEHLUNG

Ganze Wachteln servieren. Mit Petersilie und Salatblättern dekorieren.

HINWEIS

Wachteln sind ein wichtiger Bestandteil der georgischen Küche und bereichern das Fleisch- und Geflügelangebot.

GEBRATENES HÜHNCHEN IN BROMBEERSOSSE

30 Min. | 2 Portionen | 40 Min.

KALTE GERICHTE

GRUNDZUTATEN
1 ganzes Hühnchen • 50 ml Öl • 50 g Butter

ZUTATEN FÜR DIE SOSSE
500 g Brombeeren • 1 TL Bockshornklee, gemahlen
1 TL Koriander, gemahlen • 10 g Knoblauch • Salz • Pfeffer

1. Das Hühnchen putzen, auf der Brustseite ganz aufschneiden, waschen und trocken tupfen. Nach Belieben zerteilen.
2. Eine Pfanne erhitzen, Öl hineingießen und Butter dazugeben. Das Hühnchen hineingeben, gut ins Öl drücken und von beiden Seiten braten.
3. Brombeeren waschen, kurz im Wasser köcheln lassen, abseihen und passieren. Gewürze und gepressten Knoblauch untermischen, mit Salz und Pfeffer abschmecken und noch einmal aufkochen lassen.
4. Die Soße über das gebratene Hühnchen verteilen – je nach Wunsch kalt oder warm servieren.

VARIATIONEN
Zum gebratenen Hühnchen passt auch wunderbar frische Tkemali-Soße (Rezept S. 158; je nachdem, ob ganz reife oder noch nicht ganz reife Früchte verkocht werden, ist die Sauce grünlich oder rötlich) oder Adschikapaste (Rezepte S. 156 und 160).

KALTE GERICHTE

SAZIWI MIT HUHN

(HUHN IN WALNUSSSOSSE)

40 Min. | 5 Portionen | 1 Std.

GRUNDZUTATEN
1 Huhn

ZUTATEN FÜR DIE SOSSE
500 g Walnüsse • 20 g Knoblauch • Salz • Ringelblume, gemahlen (nach Belieben, siehe auch Hinweis auf S. 38) Bockshornklee, gemahlen (nach Belieben) • Koriander, gemahlen (nach Belieben) • Chiliflocken oder Cayennepfeffer • 100 g Zwiebeln • Butter

1. Das Huhn putzen, bei Bedarf waschen und kochen.
2. Walnüsse, Knoblauch und Salz hacken, Ringelblume, Bockshornklee, Koriander und Chili dazugeben und die Masse so lange kneten, bis das ganze Öl herausgepresst wird. Das Öl in einem Glas aufbewahren.
3. Klein gehackte Zwiebeln in Butter dünsten. Die Brühe vom Huhn abseihen und die gedünsteten Zwiebeln dazugeben. Die Walnussmasse unterheben, auf kleiner Flamme auf die Herdplatte stellen, ständig mit einem Holzlöffel umrühren und zum Kochen bringen. Den Topf anschließend vom Herd nehmen.
4. Das gekochte Huhn zerteilen und in die warme Walnussbrühe legen. Mit dem beiseitegestellten Öl beträufeln, abkühlen lassen und in den Kühlschrank stellen. Am besten erst am nächsten Tag kalt servieren.

VARIATIONEN
Saziwi kann auch aus Truthahn oder Ente zubereitet werden. Da diese fettreich sind, vor dem Kochen das Fett abschneiden und das Wasser nach dem Aufkochen auswechseln.

SCHWEINEFLEISCH MIT NÜSSEN UND ADSCHIKA

30 Min. | 3 Portionen | 45 Min.

ZUTATEN

1 kg Ferkelfleisch/Fleisch vom Jungschwein • Salz • 200 g Walnüsse • 10 g Knoblauch
30 g trockene Adschika (Rezept S. 160) • Bockshornklee, gemahlen • Koriander, gemahlen
20 ml Essig

1. Das Fleisch im Ganzen in gesalzenem Wasser kochen, abkühlen lassen, schneiden und etwaige Knochen herausnehmen.
2. Walnüsse und Knoblauch hacken, Adschika dazugeben, mit Bockshornklee, Koriander und Salz abschmecken.
3. Dem Essig etwas Wasser beigeben und mit der Walnussmasse vermengen. Das Fleisch von beiden Seiten mit der Masse bestreichen.

VARIATIONEN

Die Fleischstücke können auf Wunsch mit einer Mischung aus Salz, frischem Koriander und zerdrücktem Knoblauch bestrichen werden.

HINWEIS

Für dieses Rezept wird in Georgien traditionellerweise auf das zarte Fleisch von sehr jungen Tieren (rund zwei Wochen alt) zurückgegriffen. Es schmeckt aber auch mit Fleisch vom Jungschwein mit etwa einem halben Jahr sehr gut. Wahlweise kann auch jüngeres Spanferkel verwendet werden.

FISCHGERICHTE

SEEWOLF ODER LACHS IN KORIANDER-ESSIG-SOSSE

20 Min. | 3 Portionen | 30 Min.

GRUNDZUTATEN

1 kg Seewolf (oder Lachs) • 1 EL Essig • Salz • 5 g schwarzer Pfeffer, ganz • 2 Lorbeerblätter
1 Zwiebel (mittelgroß)

ZUTATEN FÜR DIE KORIANDER-ESSIG-SOSSE

Essig nach Belieben • Chiliflocken • 100 g frischer Koriander • Salz

1. Fisch säubern, waschen und in mittelgroße Stücke, ca. 10–12 cm lang, schneiden.
2. In einem Topf Wasser zum Kochen vorbereiten, Essig hinzugeben, etwas Salz hineingeben – jedoch nicht zu viel, das Wasser darf nicht allzu salzig werden –, Pfeffer, Lorbeerblätter und die ganze Zwiebel hinzufügen und das Wasser zum Kochen bringen. Die Fischstücke ins Wasser eintauchen und 5 Min. kochen lassen.
3. Für die Zubereitung der Soße gekühltes abgekochtes Wasser oder Fischbrühe in eine Schüssel geben, mit Essig und Chili vermengen. Gehackten Koriander untermischen und mit Salz abschmecken.
4. Die gekochten Fischstücke in die Soße legen.

EMPFEHLUNG

Darauf achten, dass der Fisch nicht länger als 5 Min. im kochenden Wasser bleibt, da es ansonsten schwierig wird, die Stücke herauszunehmen, ohne dass der Fisch auseinanderfällt.

FORELLE IN GRANATAPFELSOSSE

10 Min. | 3–4 Portionen | 20 Min.

GRUNDZUTATEN
1 kg (3–4 Stück) Forelle • 200 g Mehl • 500 ml Öl • 30 g Dill

ZUTATEN FÜR DIE SOSSE
100 g Zwiebeln • 2 kg Granatäpfel • 500 ml trockener Rotwein • 3 Zitronen • 20 g Speisestärke • Salz • Pfeffer

Ein paar Blätter Petersilie • Zitronenscheiben

1. Die Forellen säubern, Gräten und Wirbelsäule herausnehmen und die Fische waschen.
2. Für die Sauce die Zwiebeln klein hacken und in etwas Öl dünsten. Den Saft aus den Granatäpfeln pressen, den Zwiebeln beigeben und aufkochen lassen.
3. Wein, Zitronensaft und in etwas Wasser aufgelöste Speisestärke dazugeben. Mit Salz und Pfeffer abschmecken.
4. Mehl und Salz vermischen, die Forellen im Mehl wenden und im erhitzten Öl knusprig braten.
5. Den gebratenen Fisch auf Teller legen, die Granatapfelsoße darauf verteilen und mit klein gehacktem Dill bestreuen.
6. Mit Petersilienblättern und Zitronenscheiben oder -spalten dekorieren.

VARIATION
Gebratene Forellen können auch in Mayonnaisesoße eingelegt werden. Mayonnaise dazu mit etwas Wasser verdünnen und schlagen. Salz, Pfeffer, gemahlene Ringelblumenblüten (siehe Hinweis auf S. 38) und gemahlenen Bockshornklee dazugeben. Zum Schluss klein gehackten Dill und ein paar Zehen gepressten Knoblauch dazugeben.
Mayonnaisesoße auf die Forellen verteilen und mit Petersilie dekorieren.

STÖR AM SPIESS

7 Min. · 4 Portionen · 15 Min.

ZUTATEN

1 kg Stör • 200 g Mayonnaise • 100 g saure Sahne oder Schmand • 50 g Tomatenmark • 20 ml Öl • Salz • Pfeffer

1. Dem Fisch die Haut abziehen und die Gräten herausnehmen, Fischfleisch säubern und in lange Stücke schneiden.
2. Mayonnaise, saure Sahne, Tomatenmark und Öl vermengen, salzen und pfeffern. In dieser Masse die Fischstücke wenden, so dass sie rundherum gut damit bedeckt sind.
3. Die Fischstücke an einem Spieß aufziehen, in eine Pfanne mit Öl legen und auf kleiner Flamme braten.
4. Den Stör mit Mascharabi und Blattsalat servieren (siehe Bild).

EMPFEHLUNG

Beim Braten darauf achten, dass der Fisch gleichmäßig von allen Seiten gebraten wird.

MASCHARABI

(GRANATAPFELSOSSE)

1 Std. · 1,5 Std.

ZUTATEN

1 kg Granatäpfel • 300 g Zucker

1. Den Saft aus den Granatäpfeln pressen, durchsieben und so lange kochen lassen, bis eine dicke Soße entsteht.
2. Während des Kochens Zucker dazugeben und ständig mit einem Löffel rühren, damit die Soße nicht anbrennt.

EMPFEHLUNG

Mascharabi passt als Soße zum Stör am Spieß.

FISCHGERICHTE

FORELLE MIT WALNUSSFÜLLUNG

10 Min. | 4 Portionen | 30 Min.

GRUNDZUTATEN

4 Forellen (mittelgroß) • 100 ml Öl

ZUTATEN FÜR DIE FÜLLUNG

500 g Walnüsse • 200 g Sulgunikäse (alternativ Mozzarella) • 2 Zitronen • Chiliflocken • Salz

1. Die Forellen den Bauch entlang aufschneiden, ausnehmen und gründlich säubern.
2. Für die Füllung die Walnüsse durch den Fleischwolf drehen, Sulgunikäse reiben und mit den Walnüssen vermischen. Zitronensaft dazugeben und mit Chili und Salz abschmecken.
3. Die entstandene Masse in vier Teile teilen, jedem Viertel die Form einer Wurst geben, die Forellen damit füllen.
4. Ein Backblech mit Öl bestreichen, die gefüllten Forellen darauflegen, salzen und in einem vorgeheizten Backofen 10–15 Min. bei 230–250 °C backen. Wenn die Augen der Forellen weiß werden und aus den Augenhöhlen hervortreten, sind sie gar.

EMPFEHLUNG

Damit die Füllung nicht aus dem Fisch herausfällt, sollten die Forellen mit Küchengarn gebunden werden. Wenn der Fisch abgekühlt ist, das Garn abnehmen.

MARINIERTER STÖR

15–20 Min. · 4 Portionen · 30 Min.

GRUNDZUTATEN

1 EL Essig • Salz • 2 Lorbeerblätter • 5 g Pfeffer, ganz • 1 Zwiebel • 1 kg Stör

ZUTATEN FÜR DIE MARINADE

30 g roter Paprika • 20 g grüner Paprika • 20 g Knoblauch • 30 g frischer Koriander • 200 ml Essig
Chiliflocken • Salz

1. Wasser in einen Topf geben, Essig, Salz, Lorbeerblätter, Pfeffer und eine ganze Zwiebel dazugeben.
2. Die gesäuberten und mittelgroß geschnittenen Fischstücke zugeben und gut kochen.
3. Das Kochwasser abgießen, die Fischstücke abkühlen lassen, die Haut abziehen, die Gräten herausnehmen und den Fisch zusammen mit den Knorpeln entsprechend der gewünschten Größe schneiden.
4. Für die Marinade rote und grüne Paprika klein schneiden, gepressten Knoblauch, fein gehackten Koriander, Essig, Chili und Salz nach Geschmack dazugeben.
5. Die Essigmarinade zu den Fischstücken geben und mit einem Holzlöffel gut vermengen. In einem Suppenteller servieren.

EMPFEHLUNG

Beim Kochen sollte das Wasser den Fisch nur leicht bedecken.

STÖRBUGLAMA

(STÖR IN TOMATENSOSSE)

15 Min. | 4 Portionen | 40 Min.

ZUTATEN

1 kg Störfilet • 500 g Tomaten • 100 g Zwiebeln • 100 g Butter • 20 g Tomatenmark • 1 Zitrone
10 g Knoblauch • Salz • Pfeffer

1. Die Störfilets säubern und in mittelgroße Stücke schneiden. Tomaten reiben oder durch den Fleischwolf drehen.
2. Zwiebeln fein hacken und in Butter zusammen mit den Fischstücken anbraten. Wenn sie leicht gebraten sind, das Tomatenmark und die geriebenen Tomaten dazugeben.
3. Die Zitrone waschen und in kleine Stücke schneiden. Den zerdrückten Knoblauch dazugeben.
4. Die Zitronen-Knoblauch-Masse mit dem Fisch vermengen. Salzen und pfeffern, kurz aufkochen lassen und vom Herd nehmen.

EMPFEHLUNG

Eine Zitrone mit dünner Haut verwenden, weil sie nur kurz mitgekocht wird und die Haut sonst hart bliebe. Unbehandelte Bio-Zitronen verwenden. Ist das nicht möglich, die Zitronen schälen und nur das Innere verwenden.

SUPPEN

TSCHANACHI

(GEMÜSE- UND LAMMEINTOPF)

30 Min. 4 Portionen 50 Min.

ZUTATEN

1 kg Lammfleisch mit Fett • 100 g Fettschwanzspeck, alternativ Rückenspeck (der Speck kann auch weggelassen werden, die Suppe ist dann weniger fett) • 30 g Knoblauch • Salz • Pfeffer • 400 g Auberginen 300 g Kartoffeln • 300 g Tomaten • 30 g Stangensellerie • 30 g frischer Koriander • 30 g Oregano

1. Einen Tontopf vorbereiten, Lammfleisch säubern und in mittelgroße Stücke schneiden.
2. Speck klein schneiden. Die Hälfte des Knoblauchs zerdrücken und mit dem Speck vermengen. Salzen und pfeffern.
3. Auberginen waschen, der Länge nach halbieren, in Stücke schneiden, wie ein Boot aushöhlen, die Samen herausnehmen und mit der Knoblauch-Fett-Masse füllen.
4. Gemüse vorbereiten: Kartoffeln schälen und in lange Stücke schneiden. Tomaten waschen, Sellerie fein würfeln, den restlichen Knoblauch pressen.
5. Auf den Boden des Topfes Lammfleischstücke legen, darauf gefüllte Auberginen verteilen, als nächste Schicht Kartoffeln auslegen und anschließend mit ganzen Tomaten belegen.
6. Weitere Schichten bilden – zuerst Sellerie, dann Koriander, Oregano, den restlichen Knoblauch, Salz und Pfeffer. Den Ofen auf 180 °C vorheizen und so lange backen, bis das Gemüse gedünstet ist.

VARIATION

Wer kein Lammfleisch mag, kann dieses Gericht auch mit Kalbfleisch servieren. Rindfleisch ist für dieses Gericht aufgrund der längeren Garzeit nicht geeignet – das Gemüse würde in der Zwischenzeit matschig werden. Etwa 100 g fettige Teile des Fleisches abschneiden und für die Auberginenfüllung verwenden, den Rest nach dem Rezept verarbeiten.

HINWEIS

Unter Fettschwanzspeck ist der Speck einer Steppenschafrasse zu verstehen. Es handelt sich um eine runde Fettablagerung in der Schwanzregion dieser Schafe. Der Speck ist bei Zimmertemperatur weich und wird in der asiatischen Küche gerne verwendet.

JOGHURTSUPPE

10 Min. | 3 Portionen | 25 Min.

ZUTATEN

100 g Zwiebeln • 50 g Butter • 2 EL Mehl • 60 g Reis • 500 ml Biojoghurt • Salz

20 g Dill

1. Zwiebeln klein schneiden, in einem Topf in Butter weich dünsten. Mit Mehl binden. Den Reis getrennt kochen.
2. Biojoghurt mit 300 ml Wasser vermengen und zu den Zwiebeln in den Topf geben, ständig mit einem Holzlöffel umrühren. Den gekochten Reis dazugeben und salzen.
3. In Tellern anrichten und mit klein gehacktem Dill bestreuen.

VARIATIONEN

Bevor man die Suppe vom Herd nimmt, können zwei geschlagene Eier untergerührt werden.

Anstelle von Dill kann mit gemahlenem Thymian oder frischer Minze gewürzt werden.

SUPPEN

CHARTSCHO

(RINDSSUPPE MIT GEWÜRZEN, TOMATEN UND REIS)

30 Min. 4 Portionen 50 Min.

ZUTATEN

1 kg Rindfleisch ohne Knochen • 30 g Reis • 100 g Zwiebeln • 60 ml Öl • 60 g Butter • 300 g Tomaten
1,5 TL Chartscho-Gewürz (eine Mischung nach Geschmack aus gemahlenem Koriander und Bockshornklee sowie gemahlener Ringelblume) • 2–3 Zehen Knoblauch (nach Belieben) • Salz • Pfeffer
100 ml Tkemali-Soße (Kirschpflaumensoße, Rezept S. 158) • 200 g getrocknete Kirschpflaumen
20 g frischer Koriander • 20 g Stangensellerie

1. Das Rindfleisch säubern, würfeln und kochen. Ab und zu den Schaum vom Kochwasser abnehmen.
2. Das Kochwasser abgießen, das Fleisch mit frischem Wasser gerade bedecken, Reis dazugeben und weiterkochen. Bei Bedarf noch Wasser zugeben, so dass der Reis nicht anbrennt.
3. In der Zwischenzeit Zwiebeln fein würfeln und in Öl und Butter dünsten.
4. Tomaten waschen, häuten, reiben und zu den gedünsteten Zwiebeln geben. Gewürze, gepressten Knoblauch, Salz und Pfeffer unterrühren und zum Kochen bringen.
5. Die entstandene Masse in den Topf mit dem Fleisch geben und noch einmal aufkochen lassen. Tkemali-Soße oder/und getrocknete Kirschpflaumen dazugeben, klein gehackten Koriander und Sellerieblätter dazugeben, eine weitere Minute kochen lassen und vom Herd nehmen.

VARIATION

Dieses Gericht kann auch mit Kalbfleisch zubereitet werden. Dabei ist zu berücksichtigen, dass das Kalbfleisch schneller fertig ist und der Reis deshalb früher zugegeben werden muss als in der Variante mit Rindfleisch.

HINWEIS

Auch bei den Suppen und Hauptgerichten sind die Portionsangaben nicht immer als Einzelportionen zu verstehen, weil sie bei Festessen oft in größeren Schüsseln oder auf Platten angerichtet werden, die dann wiederum für mehrere Personen reichen.

TSCHICHIRTMA

(HÜHNERSUPPE MIT EI UND KORIANDER)

20 Min. 8 Portionen 1 Std.

ZUTATEN

1 Huhn • 100 g Zwiebeln • 20 g Butter • 100 g Mehl • 5 Eigelb • 5 EL Essig • Salz

40 g frischer Koriander

1. Das Huhn säubern und als Ganzes kochen.
2. Das Huhn aus der Brühe herausnehmen, abkühlen lassen und zerteilen. Es kann nach Wunsch in der fertigen Suppe serviert werden. Die Brühe sieben.
3. Zwiebeln klein schneiden und in Butter dünsten, mit Mehl stauben und die Mehlschwitze mit der Brühe aufgießen.
4. Die gebundene Brühe auf kleiner Flamme aufkochen lassen, dabei ständig mit einem Holzlöffel umrühren, bis das Mehl vollständig glatt gerührt ist.
5. Eigelb schaumig schlagen, etwas Essig und Brühe dazugeben.
6. Die Brühe vom Herd nehmen, die Eiermasse vorsichtig unterrühren und so lange rühren, bis die Suppe eine gleichmäßige Textur aufweist. Salz hinzugeben.
7. Die einzelnen Portionen mit klein gehacktem Koriander bestreuen.

EMPFEHLUNG

Diese Suppe schmeckt besonders gut mit Fladenbrot (Rezept S. 130). Das Hühnerfleisch kann getrennt serviert werden.

BOSBASCHI

(LAMMSUPPE)

30 Min. 4 Portionen 1 Std.

ZUTATEN

1 kg weiches Fleisch vom Lamm oder Schaf • 100 g Lammfett/Fettschwanzspeck, alternativ Rückenspeck (der Speck kann auch weggelassen werden, die Suppe ist dann weniger fett, siehe auch Hinweis auf S. 66) 100 g Zwiebeln • 50 g Tomatenmark • Kümmel • Salz • Pfeffer

1. Das Fleisch säubern, mittelgroß würfeln und kochen. Schaum abnehmen. Das Fleisch aus der Brühe herausnehmen und abkühlen lassen.
2. Speck und Zwiebeln klein hacken und in einem tiefen Topf mit Tomatenmark dünsten.
3. Der entstandenen Masse das gekochte Fleisch unterrühren, alles mit Wasser bedecken und aufkochen lassen.
4. Kümmel, Salz und Pfeffer dazugeben und vom Herd nehmen.

EMPFEHLUNG

Bosbaschi ist ein fettreiches Gericht und muss sehr heiß serviert werden, da sich andernfalls das gesamte Fett an der Oberfläche der Speise sammelt.

WARME GERICHTE

BOHNEN IM TONTOPF

30 Min. — 8–10 Portionen — 1 Std.

ZUTATEN

1 kg kleine getrocknete Bohnen • 200 g Zwiebeln • 200 ml Öl • 50 g Stangensellerie • 50 g frischer Koriander
50 g Bohnenkraut • 4 Lorbeerblätter • 20 g Paprikapulver (scharf) • 30 g Knoblauch • Salz
Koriander, gemahlen

Korianderblätter zum Bestreuen

1. Bohnen waschen und 3–4 Std. im Wasser einweichen.
2. Wasser abgießen, Bohnen in einen Tontopf geben, mit Wasser bedecken und ca. 20 Min. kochen. Nach 20 Min. das Wasser auswechseln und in frischem Wasser weich kochen.
3. In der Zwischenzeit Zwiebeln fein würfeln und in Öl dünsten. Kräuter waschen und klein hacken.
4. Das Wasser von den gekochten Bohnen in ein Gefäß gießen und die Bohnen stampfen.
5. Die gestampften Bohnen mit gedünsteten Zwiebeln, Lorbeerblättern, Paprikapulver, gepresstem Knoblauch, Salz und den getrockneten Gewürzen und Kräutern vermengen. Im Topf servieren und mit frischem Koriander bestreuen.

EMPFEHLUNG

Falls die Bohnen zu dick werden, mit dem abgegossenen Wasser verdünnen. Die Bohnen lassen sich sehr leicht kochen, wenn sie mehrere Stunden in Wasser eingeweicht wurden.

PILZTSCHASCHUSCHULI

(GEDÜNSTETE CHAMPIGNONS)

15 Min. | 4 Portionen | 25 Min.

ZUTATEN

1 kg Champignons • 200 g Zwiebeln • 200 ml Öl • Salz • Pfeffer

50 g frischer Koriander • 50 g Dill

1. Champignons putzen und waschen, Stiele abschneiden, die Champignons vierteln. Zwiebeln vierteln und in dünne Scheiben schneiden.
2. Pilze und Zwiebeln in Öl dünsten, salzen und pfeffern.
3. Zum Schluss frische, gehackte Kräuter untermischen und warm servieren.

VARIATION

Wenn statt Champignons Waldpilze zubereitet werden, den Kräutern Gartenkresse beifügen und statt Zwiebeln Frühlingszwiebeln verwenden.

In eine tiefe Pfanne Öl geben und geschnittene Pilze, Kräuter und Zwiebeln schichten. Jede Schicht salzen und pfeffern und bei niedriger Hitze zugedeckt dünsten lassen.

CHAMPIGNONS MIT SULGUNIKÄSE

10 Min. | 3 Portionen | 15 Min.

ZUTATEN

1 kg Champignons • Salz • 30 ml Öl • 400 g Sulgunikäse (alternativ Mozzarella)

1. Champignons putzen, waschen und Stiele abschneiden. Die Pilze in einem Tongefäß auslegen, salzen, mit Öl beträufeln und im Ofen bei 250 °C ca. 5 Min. garen lassen.
2. Wenn die Pilze braun gebraten sind, diese anschließend mit gewürfeltem Käse bedecken.
3. Erneut in den Ofen stellen und weitere 2 Min. überbacken (siehe vorne im Bild).

VARIATION

Champignons können auch in einer dicken Pfanne gebraten werden. Die Pilze mit dem Rücken auslegen, auf jeden Pilz ein kleines Stück Butter und ein kleines Stück Käse legen. Wenn diese schmelzen, vom Herd nehmen.

GEBRATENER SULGUNIKÄSE

7 Min. | 2 Portionen | 10 Min.

ZUTATEN

500 g Sulgunikäse (alternativ Mozzarella) • 50 g Butter • Salz

1. Sulgunikäse würfeln, in eine Pfanne geben, Butter dazugeben und salzen.
2. Bei 250 °C im Ofen backen. Wenn der Sulguni eine goldene Farbe annimmt und anfängt zu kochen, aus dem Ofen nehmen (siehe hinten im Bild).

VARIATIONEN

Wenn Sulguni goldbraun wird, können zwei geschlagene Eier dazugegeben und wieder in den Ofen geschoben werden. Es ist besser, wenn die Eier nicht gar gebraten werden, sondern halbroh bleiben.

ADSCHAPSANDALI

(GEMÜSEEINTOPF/RATATOUILLE)

30 Min. 8 Portionen 50 Min.

ZUTATEN

1 kg Auberginen • 1 kg Tomaten • 1,5 kg Kartoffeln • 200 ml Öl • 20 g Knoblauch • 100 g frisches Basilikum
150 g frischer Koriander • Salz • Pfeffer

1. Auberginen und Tomaten waschen und würfeln.
2. Kartoffeln waschen, schälen und ebenfalls würfeln.
3. Auberginen und Kartoffeln bei niedriger Hitze im Öl fast gar dünsten, gewürfelte Tomaten, Knoblauch und gehackte Kräuter hinzugeben, salzen und pfeffern.

VARIATION

Auberginen und Kartoffeln getrennt in einer Pfanne im Öl braten und dann vermengen. Gewürfelte, gehäutete Tomaten, geriebene Möhren und in Scheiben geschnittene Paprika dazugeben und 5 Min. dünsten lassen. Fein gehackte Kräuter, Salz und Pfeffer hinzugeben und vom Herd nehmen.

HINWEIS

Es gibt viele Varianten von Adschapsandali, immer jedoch handelt es sich um ein Gericht aus verschiedensten Gemüsen.

GEFÜLLTES GEMÜSE

25 Min. | 8 Portionen | 50 Min.

GRUNDZUTATEN
1 kg Paprika (ganze Schoten, verschiedene Farben) • 1 kg Tomaten • 1 kg Auberginen

ZUTATEN FÜR DIE FÜLLUNG
1 kg Reis • Salz • Pfeffer • 200 g Karotten • 200 g Dill • 200 ml Öl

1. Den oberen Teil der Paprikas so abschneiden, dass man einen Deckel erhält. Samen herausnehmen. Die abgeschnittenen Teile (außer Stiele) klein hacken und für die Füllung aufheben.
2. Bei den Tomaten (zwei übrig lassen) ebenfalls den oberen Teil abschneiden und das Fleisch herausnehmen, die Auberginen der Länge nach aufschneiden und das Fleisch herausnehmen.
3. Den Reis nicht ganz gar kochen, Wasser abgießen, salzen und pfeffern, klein gehackten Paprika, geriebene Karotten und klein gehackten Dill untermischen.
4. Paprikaschoten, Auberginen und Tomaten mit der Reisfüllung füllen.
5. In einen Topf Öl geben, zwei gehäutete, fein gewürfelte Tomaten dazugeben, so dass der Boden bedeckt wird, und das gefüllte Gemüse vorsichtig hineinlegen.
6. Mit Wasser bedecken und bei niedriger Hitze kochen. Wenn der Reis gar gekocht ist, kann das Gericht serviert werden.

VARIATION
Statt der Reisfüllung kann auch eine Fleischfüllung verwendet werden. 1 kg Rindfleisch ohne Knochen und 200 g Schweinefleisch mit Knoblauch und Gewürzen nach Wahl hacken, 200 g eingeweichten Reis untermischen, salzen und pfeffern.

INNEREIEN VOM HUHN

20 Min. | 2 Portionen | 25 Min.

ZUTATEN

500 g Innereien vom Huhn (Herzen und Leber) • Öl zum Braten • 200 g Zwiebeln • 50 g Butter
Bohnenkraut und Bockshornklee, gemahlen (nach Geschmack) • Salz und Pfeffer (nach Geschmack)

Granatapfelkerne • Petersilienblätter

1. Innereien vorbereiten. Eine Pfanne erhitzen, Öl hineingießen, Innereien dazugeben und braten. Zwiebeln halbieren und in dünne Scheiben schneiden.
2. Wenn die Innereien gebraten sind, Butter dazugeben und mit geschnittenen Zwiebeln, Gewürzen, Salz und Pfeffer vermengen. Wenn die Zwiebeln gebraten sind, vom Herd nehmen.
3. Die Innereien mit Granatapfelkernen und Petersilie bestreuen und warm servieren.

EMPFEHLUNG

Wenn dieses Gericht mit tiefgekühlten Zutaten zubereitet wird, diese zuerst gründlich auftauen lassen, damit kein Wasser in die Pfanne gelangt und das Aroma der Zutaten erhalten bleibt.

INNEREIEN VOM SCHWEIN

20 Min. | 4 Portionen | 40 Min.

ZUTATEN

700 g Innereien vom Ferkel/Jungschwein • 100 g Schweinenetz (Fettnetz) • Öl zum Braten • 250 g Zwiebeln
20 g Knoblauch • 10 g Berberitzen • Bohnenkraut, Salz und Pfeffer nach Geschmack

30 g frischer Koriander • 100 g Granatapfelkerne

1. Innereien und Fettnetz waschen und in kleine Stücke schneiden. Öl in eine Pfanne geben und alles bei niedriger Hitze dünsten.
2. Zwischenzeitlich Zwiebeln halbieren und in dünne Scheiben schneiden. Knoblauch zerdrücken.
3. 5 Min. bevor die Innereien gar sind, Zwiebeln, Knoblauch, Berberitzen, Bohnenkraut, Salz und Pfeffer untermischen.
4. Zum Schluss fein gehackten Koriander dazugeben, mit Granatapfelkernen bestreuen und vom Herd nehmen.

EMPFEHLUNG

Beim Zubereiten nicht rühren, sonst werden die Innereien auseinanderfallen. Dieses Gericht kann auch ohne Fettnetz zubereitet werden.

HINWEIS

In Georgien werden für dieses Gericht traditionell sämtliche Innereien von ganz jungen Tieren (ein bis zwei Wochen alt) verwendet. Bei älteren Tieren einfach die Garzeit etwas erhöhen. Wer man, kann sich auf einzelne Innereien, beispielsweise das Beuschel, bestehend aus Herz und Lunge, oder auch ergänzt um Leber und Milz, beschränken.

HÜHNCHEN NACH SCHKMERI-ART

(HÜHNERFLEISCH MIT KNOBLAUCH)

30 Min. 2 Portionen 50 Min.

GRUNDZUTATEN

1 ganzes Hühnchen • Salz zum Einreiben • 50 ml Öl

ZUTATEN FÜR DIE SOSSE

30 g Knoblauch • 50 g Butter • 300 ml Milch • Salz • Pfeffer • Chiliflocken

1. Das Hühnchen halbieren, Innereien herausnehmen falls notwendig, gut waschen, abtrocknen und gut mit Salz einreiben.
2. In einer Pfanne Öl erhitzen und das Hühnchen braten, beim Braten wenden.
3. Für die Soße den Knoblauch zerdrücken und in Butter dünsten. Milch dazugeben, salzen, pfeffern, Chili zugeben und aufkochen lassen.
4. Das Hühnchen wie gewünscht zerteilen, in tiefen Tellern anrichten und die Soße darübergießen.

EMPFEHLUNG

Zuerst die Bauchseite des Hähnchens braten, damit die Haut nicht verbrennt und auf der Pfanne klebt.

CHARTSCHO MIT WALNÜSSEN

(FLEISCH IN WALNUSSSOSSE)

20 Min. | 4 Portionen | 40 Min.

GRUNDZUTATEN
1 kg Kalb- oder Geflügelfleisch

ZUTATEN FÜR DIE SOSSE
500 g Tomaten • 40 g Zwiebeln • 50 g Butter • 300 g Walnüsse
15 g Knoblauch • Chartscho-Gewürz (gemahlener Bockshornklee und Koriander sowie gemahlene Ringelblume, siehe auch Hinweis auf S. 38) • Paprikapulver • Salz

1. Fleisch säubern, würfeln und kochen. Beim Kochen Schaum abnehmen. Das gekochte Fleisch herausnehmen, die Brühe sieben.
2. Tomaten häuten und reiben. Zwiebeln klein schneiden und in Butter zusammen mit den Tomaten dünsten. Etwas Brühe untermischen.
3. Walnüsse, Knoblauch, Gewürze und Paprika durch den Fleischwolf drehen und so viel Brühe dazugeben, bis eine dicke Masse entsteht. Zur Tomaten-Zwiebel-Mischung geben.
4. Die Fleischstücke in die Walnusssoße legen und salzen.

VARIATIONEN
Chartscho mit Walnüssen kann auch ohne Tomaten zubereitet werden.

Es schmeckt gut mit Gomi (Polenta, Rezept S. 150) oder Maisbrot (Rezept S. 148).

HÜHNCHEN IN WEINSOSSE

30 Min. | 3 Portionen | 50 Min.

GRUNDZUTATEN
1 Hühnchen • 50 ml Öl • 50 g Butter

ZUTATEN FÜR DIE SOSSE
100 g Zwiebeln • 200 g Champignons • 500 ml Rotwein • 100 ml Sahne • Salz • Pfeffer

1. Das Hühnchen säubern und in mittelgroße Stücke zerteilen.
2. Öl in einer Pfanne erhitzen und die Hälfte der Butter untermischen. Das Fleisch darin von allen Seiten braten.
3. Zwiebeln klein schneiden. Pilze putzen, waschen und klein schneiden. Die Pilze und Zwiebeln in der restlichen Butter dünsten.
4. Wenn die Zwiebeln gebraten sind, mit Wein aufgießen und kochen lassen. Zuletzt Sahne dazugeben, salzen, pfeffern und aufkochen lassen.
5. Das gebratene Fleisch in tiefen Tellern anrichten und die Weinsoße darübergießen.

EMPFEHLUNG
Die Weinsoße parallel zum Braten des Fleisches zubereiten. Es ist empfehlenswert, das noch heiße Fleisch mit der Soße zu vermengen, so bleibt das Aroma der Soße besser enthalten.

TSCHACHOCHBILI

(HÜHNER- UND GEMÜSEEINTOPF)

30 Min. | 4 Portionen | 50 Min.

ZUTATEN

1 kg Hühnchenfleisch, ausgelöst • 200–500 g Zwiebeln • 50 g Butter • 1 kg Tomaten • 1 scharfe Peperoni • Salz
100 g frischer Koriander • 15–20 g Knoblauch

1. Das Fleisch säubern und in Stücke gewünschter Größe zerlegen. In einem Topf bei niedriger Hitze kochen.
2. Zwiebeln klein schneiden und in Butter dünsten. Tomaten häuten, reiben und hinzugeben, die fein gewürfelte Peperoni ebenfalls hinzufügen und alles zusammen kurz aufkochen lassen.
3. Die Fleischstücke in die Tomatensoße legen, mit Salz abschmecken, fein gehackten Koriander und zerdrückten Knoblauch untermischen und gleich nach dem Aufkochen vom Herd nehmen.

VARIATIONEN

Dieses Gericht kann auch mit Kaninchen oder Kalbfleisch zubereitet werden. Die gleichen Zutaten verwenden und sonst dem Rezept folgen.

Wem diese feurige Variante zu scharf ist, der kann statt der Peperoni einfach eine milde Paprikaschote verwenden.

KUPATI NACH MENGRELISCHER ART

(BRATWURST NACH MENGRELISCHER ART)

15 Min. | 10 Portionen | 1 Std.

ZUTATEN

200 g Schweinedarm • Salz • Maismehl • 3 kg Innereien vom Schwein • rote Paprikaflocken (oder Chili) trockene Adschika (Rezept S. 160)

1. Den Schweinedarm von beiden Seiten mit Salz und Maismehl bestreuen und dann gründlich waschen.
2. Die Innereien vom Schwein waschen und kochen, danach klein schneiden und mit Salz und Paprika abschmecken.
3. Den Darm auf einen Trichter oder eine Wurstspritze aufziehen und mit der Fleischmasse blasenfrei füllen.
4. Das fertige Kupati biegen und die Enden mit Küchengarn zuschnüren. Von außen mit Adschika bestreichen und zum Trocknen an einem kühlen Ort aufhängen.
5. Das getrocknete Kupati in Stücke gewünschter Größe schneiden und in einer Pfanne bei niedriger Hitze braten.

VARIATIONEN

Je nach Wunsch kann man die Füllung des Kupatis mit Adschika würzen.

Kupati kann auch als ganzes Stück gebraten werden.

HINWEIS

Mengrelien (oder Mingrelien, Megrelien) ist eine georgische Region im Westen des Landes am Schwarzen Meer.

KUPATI NACH IMERETISCHER ART

(BRATWURST NACH IMERETISCHER ART)

20 Min. 10 Portionen 1 Std.

ZUTATEN

200 g Schweinedarm • Salz • Maismehl • 3 kg Innereien vom Ferkel/Jungschwein • 1,5 TL Bohnenkraut
1,5 TL Koriander, gemahlen • 1,5 TL Bockshornklee, gemahlen • rote Paprikaflocken (oder Chili)
100 g Granatapfelkerne

1. Den Schweinedarm von beiden Seiten mit Salz und Maismehl bestreuen und gut waschen.
2. Die Innereien waschen und kochen. Diese klein schneiden und mit Gewürzen, Paprika, Salz und Granatapfelkernen abschmecken.
3. Den Darm auf einen Trichter oder eine Wurstspritze aufziehen und nach und nach bläschenfrei mit der Masse füllen.
4. Das fertige Kupati biegen, die Enden mit Küchengarn binden und von beiden Seiten in einer Pfanne mit Deckel braten.

EMPFEHLUNG

Die Pfanne gut erhitzen, damit das Kupati nicht klebt, dann bei niedriger Hitze weiterbraten.
Wenn das Kupati nicht gleich serviert werden soll, in der Tiefkühltruhe aufbewahren und vor dem Braten gut auftauen lassen. Das Kupati muss beim Braten vollständig trocken sein, damit das Aroma erhalten bleibt.

HINWEISE

In Georgien werden traditionell sämtliche Innereien von ganz jungen Tieren (ein bis zwei Wochen alt) verwendet. Bei älteren Tieren einfach die Garzeit etwas erhöhen. Wer man, kann sich auf einzelne Innereien beschränken.

Imeretien ist eine georgische Region im Landesinneren, die im Westen an Mengrelien angrenzt.

APCHASURA

(HACKFLEISCH IM FETTNETZ)

20 Min. 6 Portionen 1 Std.

ZUTATEN

1 kg Rindfleisch • 200 g Schweinefleisch • 100 g Zwiebeln • 3–4 Zehen Knoblauch • Bohnenkraut
rote Chiliflocken • Salz • 100 g Granatapfelkerne • 500 g Fettnetz vom Schwein/Jungschwein
Öl zum Braten

1 Zwiebel • 30 g Petersilie oder Koriander • Granatapfelkerne

1. Rind- und Schweinefleisch zusammen mit Zwiebeln und Knoblauch zweimal durch den Fleischwolf drehen.
2. Die gehackte Masse mit Bohnenkraut, Chili und Salz abschmecken, Granatapfelkerne untermischen und vermengen.
3. Aus der Masse 100-g-Kugeln formen und mit der Hand flach drücken.
4. Fettnetz gründlich waschen, auf einem Brett ausbreiten und so schneiden, dass in jedes Stück eine Hackfleischkugel eingewickelt werden kann.
5. Etwas Öl in einer Pfanne erhitzen, die Apchasuras hineinlegen, die Pfanne zudecken und bei niedriger Hitze braten.
6. Die gebratenen Apchasuras mit dünn geschnittenen Zwiebelringen, klein geschnittenem Koriander oder gehackter Petersilie und Granatapfelkernen bestreuen.

EMPFEHLUNG

Wenn die Apchasuras nicht gleich serviert werden, können sie im Gefrierfach aufbewahrt werden. Vor dem Braten gründlich auftauen lassen und trocken braten, damit das Aroma erhalten bleibt.

KALBSRIPPEN MIT ADSCHIKA

30 Min. | 5 Portionen | 1 Std.

ZUTATEN

1,5 kg Kalbsrippen • 500 ml Öl • 300 g Adschika aus Mengrelien (rote Adschika, Rezept S. 160) • 2 kg Kartoffeln
1 Gurke pro Portion

Zwiebeln nach Belieben • 30 g frischer Koriander • Cayennepfeffer nach Belieben

1. Die Kalbsrippen der Länge nach schneiden (auf je eine Rippe) und in Öl braten.
2. Adschika in Wasser auflösen, darauf achten, sie nicht allzu sehr zu verdünnen.
3. Kartoffeln schälen, waschen und der Länge nach schneiden, in Öl braten.
4. Die gebratenen Rippen in eine tiefe Pfanne legen, die verdünnte Adschika darübergießen und kurz in den Ofen stellen.
5. Die Rippen mit Adschika in Portionen aufteilen, darauf gebratene Kartoffeln und geschnittene Gurken verteilen.
6. Mit geschnittenen Zwiebeln, klein geschnittenem Koriander und Cayennepfeffer bestreuen und so servieren. Wahlweise ganze scharfe Peperoni dazureichen.

VARIATION

Gebratene Rippen und Kartoffeln getrennt servieren.

TSCHASCHUSCHULI VOM KALB

(KALBSGESCHNETZELTES)

30 Min. 5 Portionen 50 Min.

ZUTATEN

1,5 kg Kalbfleisch ohne Knochen • 100 g Butter • 1 kg Tomaten • 200 g Zwiebeln • 20 g Knoblauch
100 g Tomatenmark • 200 ml trockener Weißwein • Bockshornklee, gemahlen (nach Belieben)
Paprikapulver (scharf) oder Cayennepfeffer • 100 g frischer Koriander • Salz

1. Das Fleisch von Sehnen befreien und gut säubern.
2. Das Fleisch in mittelgroße Stücke würfeln und in etwa 500 ml Wasser kochen, Butter hinzugeben.
3. In der Zwischenzeit Tomaten reiben, Zwiebeln und Knoblauch schälen, Zwiebeln klein schneiden.
4. Wenn das Fleisch weich ist, in den Topf die fein gehackten Zwiebeln und den Knoblauch geben und 5 Min. dünsten.
5. Tomatenmark unterrühren, geriebene Tomaten und Wein dazugeben und mit Bockshornklee und Paprikapulver oder Cayennepfeffer abschmecken. Aufkochen lassen, Kräuter dazugeben, salzen und vom Herd nehmen.

EMPFEHLUNG

Das Gericht in tiefen Tellern servieren und mit frischem Koriander und scharfer grüner Peperoni dekorieren.

CHASCHLAMA

(GEKOCHTES RINDFLEISCH MIT PETERSILIE)

1 Std. 6 Portionen 1,5 Std.

ZUTATEN

2 kg Rindfleisch (Rinderbrust mit Knochen) • 100 g Zwiebeln • 1 Karotte • 2 Lorbeerblätter
100 g Stangensellerie • 15 g Nelkenpfeffer (Piment) • 50 g Knoblauch • Salz

Petersilie zum Bestreuen

1. Rindfleisch mit Rippen schneiden, säubern und in einen Topf geben, den es zur Hälfte füllen sollte.
2. Wasser zugeben, Zwiebeln vierteln und dazugeben, Karotte, Lorbeerblätter, Sellerie, Nelkenpfeffer und Knoblauch sowie Salz ebenfalls hinzugeben.
3. Alles so lange kochen lassen, bis das Fleisch fertig gekocht ist. Schaum abnehmen.
4. Das gekochte Fleisch mit dem Schaumlöffel aus dem Topf herausnehmen, mit Petersilie bestreuen und servieren.

VARIATIONEN

Die Brühe kann mit Salz und Knoblauch abgeschmeckt werden und mit dem Fleisch serviert werden.

TSCHAKAPULI

(LAMMEINTOPF MIT ESTRAGON)

30 Min. 4 Portionen 1 Std.

ZUTATEN

1 kg Lammfleisch • 150 g Estragon • 100 g frischer Koriander • 20 g Gartenkresse • 100 g Frühlingszwiebeln 50 g Knoblauch • Paprikapulver (scharf) • Salz • 100 Kirschpflaumen (auch Myrobalanen genannt) tanninreicher Weißwein

1. Das Fleisch säubern und in kleine Würfel schneiden, Kräuter und Frühlingszwiebeln grob schneiden, Knoblauch putzen und klein hacken.
2. Auf den Boden des Topfes etwas gewürfeltes Fleisch legen, darauf einen Teil der Kräuter verteilen, einen Teil der Frühlingszwiebeln und des Knoblauchs ebenfalls hinzufügen. Weiterhin wiederum Fleisch und Kräuter abwechselnd schichten. Alle Schichten mit Paprikapulver und Salz bestreuen. Zum Schluss Kirschpflaumen auf der Masse verteilen. Mit so viel Wein begießen, bis das Fleisch bedeckt ist und bei niedriger Hitze so lange kochen, bis das Fleisch weich wird.

VARIATION

Tschakapuli kann auch aus Kalbfleisch zubereitet werden. Alle anderen Zutaten wie beschrieben verwenden.

HINWEIS

Dieser im Osten des Landes sehr beliebte Lammschmortopf schmeckt leicht säuerlich und ist wunderbar erfrischend.

KAURMA

(INNEREIENEINTOPF)

25 Min. 2 Portionen 40 Min.

ZUTATEN

500 g Herz und Leber • 50 ml Öl • Wasser • 200 g Zwiebeln • 30 g Bohnenkraut • 50 g frischer Koriander Pfeffer oder Cayennepfeffer • Salz

1. Herz und Leber waschen, von Sehnen befreien und würfeln.
2. Öl in einen Topf geben, die gewürfelten Innereien hineingeben, mit etwas Wasser aufgießen, damit nichts anbrennt, und dünsten.
3. In der Zwischenzeit Zwiebeln schälen, waschen und klein hacken, den Innereien beigeben und weiter dünsten lassen.
4. Zum Schluss fein gehackte Kräuter, Pfeffer oder Cayennepfeffer und Salz dazugeben. Etwa 10 Min. dünsten lassen und vom Herd nehmen.

VARIATIONEN

Wenn das Kaurma saftiger werden soll, ein Glas Wein dazugeben, wenn die Zwiebeln gedünstet sind. Aufkochen lassen und Kräuter, Cayennepfeffer und Salz dazugeben, weitere 5 Min. köcheln lassen.

HINWEIS

Kaurma ist eine Spezialität der georgischen Küche. Meist werden Schweine- oder Rinderinnereien dafür verwendet.

MZWADI

(SCHASCHLIK)

25 Min. | 5 Portionen | 40 Min.

ZUTATEN

1,5 kg Schweinefleisch • 100 g Zwiebeln • 5 Lorbeerblätter • 15 g Nelkenpfeffer (Piment)
trockener Rotwein (nach Belieben) • Salz • Pfeffer

Zwiebelringe • Granatapfelkerne

1. Fleisch säubern und in gleichmäßige Stücke (ca. 50 g) schneiden.
2. Das Fleisch in eine Schüssel geben, dünn geschnittene Zwiebeln, Lorbeerblätter und Nelkenpfeffer untermischen, Wein dazugeben, aber nur so viel, dass das Fleisch nicht ganz bedeckt ist, das Ganze mit der Hand in das Fleisch einmassieren und 6–7 Std. im Kühlschrank einziehen lassen. Gelegentlich durchmischen.
3. Das marinierte Fleisch auf die Spieße fädeln, von allen Seiten mit Salz und Pfeffer bestreuen und auf dem Grill braten (oder in einer heißen Pfanne bei mittlerer Hitze braten).
4. Die fertigen Spieße mit Zwiebelringen und Granatapfelkernen garnieren.

VARIATIONEN

Mzwadi wird auch aus Kalb- oder Lammfleisch gemacht.

Für die Marinade lässt sich statt Wein Essig oder Zitronensaft verwenden.

Auch Mayonnaise kann hinzugefügt werden, um das Fleisch zarter zu machen.

ODSCHACHURI

(SCHWEINEFLEISCH UND KARTOFFELN NACH HAUSFRAUENART)

25 Min. | 4 Portionen | 50 Min.

WARME GERICHTE

ZUTATEN

1 kg Kartoffeln • 500 g Schweinefleisch (weiche Teile oder Rippen) • 50 ml Öl • 300 g Zwiebeln
30 g Knoblauch • Salz • Pfeffer

20 g Granatapfelkerne • 30 g frischer Koriander (falls gewünscht)

1. Kartoffeln schälen, würfen oder der Länge nach schneiden.
2. Fleisch in große Stücke schneiden.
3. Öl in der Pfanne erhitzen, darin die Kartoffeln auf kleiner Flamme braten. Wenn die Kartoffeln halb gebraten sind, das Fleisch dazugeben und zusammen weiterbraten.
4. Zwiebeln halbieren und in dünne Scheiben schneiden.
5. Den gebratenen Kartoffeln und dem Fleisch die Zwiebeln, zerdrückten Knoblauch, Salz und Pfeffer beigeben und nach 5 Min. vom Herd nehmen. Zum Schluss Granatapfelkerne darüberstreuen.

EMPFEHLUNG

In einer tiefen Schüssel servieren und mit fein gehacktem Koriander und Granatapfelkernen dekorieren.

TOLMA IN WEINBLÄTTERN

(HACKFLEISCH IN WEINBLÄTTERN)

30 Min. 4 Portionen 1 Std.

GRUNDZUTATEN

1 kg zartes Rindfleisch • 200 g Schweinefleisch • 50 g Knoblauch • Bockshornklee, gemahlen (nach Geschmack) • Koriander, gemahlen (nach Geschmack) • Salz (nach Geschmack) • 200 g Reis • Salz Pfeffer • Weinblätter, frisch oder eingelegt

ZUTATEN FÜR DIE JOGHURTSOSSE

2–3 Knoblauchzehen • 500 g Biojoghurt • Salz nach Belieben

1. Rindfleisch und Schweinefleisch säubern und schneiden.
2. Das Fleisch mit dem Knoblauch und den Gewürzen durch den Fleischwolf drehen.
3. Reis waschen und 20 Min. in Wasser einweichen. Die Fleischmasse mit Reis vermengen, salzen und pfeffern.
4. Die Stiele der Weinblätter entfernen, 20–30 g Fleischfüllung auf jedes Blatt legen, die Seiten zur Mitte falten und die Blätter zu kleinen Röllchen zusammenrollen.
5. Den Boden eines Topfes mit Weinblättern auslegen, Tolmaröllchen darauflegen und den Topf mit Salzwasser füllen. Darauf einen großen flachen Teller zum Beschweren legen und so lange kochen lassen, bis der Reis fertiggekocht ist.
6. Tolma mit einem Schaumlöffel aus dem Topf herausnehmen und auf Tellern anrichten. Nach Wunsch mit Soße servieren.

EMPFEHLUNG

Tolma in Weinblättern schmeckt gut mit Saure-Sahne- oder Mayonnaisesoße.

Ebenfalls gut dazu passt Biojoghurtsoße: zwei oder drei Knoblauchzehen zerdrücken und mit 500 g Biojoghurt vermengen. Nach Wunsch salzen.

WARME GERICHTE

TSCHACHRAKULI VOM LAMM

(LAMMFLEISCH, GEBRATEN MIT GEWÜRZEN)

25 Min. | 4 Portionen | 45 Min.

ZUTATEN

1 kg Lammfleisch • 50 ml Öl • 500 g Tomaten • 300 g Zwiebeln (3 Zwiebeln) • 50 g Knoblauch
Salz • Pfeffer • 30 g Stangensellerie

1. Das Lammfleisch in mittelgroße Stücke schneiden.
2. Das Fleisch in einer Pfanne im erhitzten Öl braten, ab und zu die Stücke wenden.
3. In der Zwischenzeit Tomaten und Zwiebeln häuten, Tomaten in kleine Stücke schneiden, Zwiebeln fein hacken. Knoblauch pressen.
4. Dem halbgaren Fleisch Zwiebeln und Knoblauch untermischen und nach 10 Min. mit den Tomaten vermengen. Zum Schluss salzen, pfeffern und mit fein gehackten Sellerieblättern bestreuen.

EMPFEHLUNG

Vor dem Servieren mit Sellerieblättern oder fein gehackter Sellerie dekorieren.

SCHILAPLAWI

(REISGERICHT MIT LAMMFLEISCH)

30 Min. | 4 Portionen | 1 Std.

ZUTATEN

200 g Lammfleisch • 100 ml Öl oder Butter • 300 g Reis • Salz • Pfeffer • ½ TL Kümmel

1. Das Fleisch säubern und würfeln.
2. Öl oder Butter in einen Topf geben, Fleischwürfel dazugeben und braten. Reis waschen und in Wasser einweichen.
3. Wenn das Fleisch fertig ist, den Reis dazugeben, 2,5 l Wasser zugießen und auf mittlerer Hitze gar kochen.
4. Mit Salz, Pfeffer und Kümmel abschmecken. Wenn das Wasser verkocht ist, vom Herd nehmen.

VARIATION

Statt Lammfleisch können Hühnerfleisch, Kalbfleisch oder Champignons verwendet werden.

CHASCHI

(SUPPE AUS RINDERKLAUEN UND KUTTELN)

4 Std. | 5 Portionen | 5 Std.

ZUTATEN

1 kg Rinderklauen (oder Hesse, beim Metzger nachfragen und vorbestellen) • 500 g Kutteln
1 Glas (200 ml) Milch • Knoblauch und Salz nach Belieben

1. Die Rinderklauen und Kutteln gründlich waschen und in mittelgroße Stücke schneiden, in einem Topf 4–5 Std. lang kochen.
2. Die Brühe abgießen, sieben und auffangen, Milch hinzufügen und wieder in den Topf mit den Fleischstücken geben.
3. Die heiße Chaschi in tiefen Tellern anrichten und mit zerdrücktem Knoblauch und Salz abschmecken.

EMPFEHLUNG

Die restliche Milch mitservieren, falls Ihre Gäste Chaschi mit etwas mehr Milch mögen.

HINWEIS

Chaschi ist ein in Georgien beliebtes Gericht. Doch vor allem jene, die schwere Arbeit leisten, genießen die Suppe bereits am Morgen, um für den Tag gestärkt zu sein. Auch als Anti-Kater-Mittel nach einer langen Nacht ist Chaschi begehrt.

TEIGGERICHTE

TEIGGERICHTE

SCHOTI

(FLADENBROT)

6–10 Stück 2 Std.

ZUTATEN

2 kg Mehl • 1 l warmes Wasser • 20 g Hefe • 30–40 g Salz

1. In eine Schüssel 2 kg Mehl geben, in die Mitte mit der Hand eine Mulde eindrücken und 1 l warmes Wasser hineingeben. Hefe und Salz untermischen. Von den Rändern das Mehl vorsichtig mit dem Wasser vermengen und einen glatten Teig kneten.
2. Den Teig mit Folie zudecken, dann mit einem warmen Geschirrtuch bedecken und zum Gehenlassen an einen warmen Ort stellen.
3. Zwischenzeitlich wird traditionellerweise in einer „Tone“ (Lehmbackofen) Feuer gemacht und die „Tone“ erhitzt.
4. Den aufgegangenen Teig noch einmal durchkneten und weitere 10–15 Min. ruhen lassen. Vor dem Backen 300–500 g schwere Laibe aus dem Teig formen, flach ausrollen, jeden Laib in eine längliche Form kneten und an die Wände der „Tone“ kleben.
5. Wenn das Brot eine rötliche Farbe annimmt, aus der „Tone“ mit einer speziellen Gabel herausnehmen.

EMPFEHLUNGEN

Fladenbrot Schoti wird in einer speziellen „Tone“, einem Lehmbackofen, gebacken. Dafür muss die „Tone“ richtig heiß sein. Erst dann anfangen, das Brot zu backen, wenn das Holz durchgebrannt ist und die heiße Holzkohle mit weißer Asche überzogen ist und genug Hitze spendet.

Dieses Brot schmeckt gut zu Salaten, warmen Gerichten und zu allen Käsesorten.

Alternativ kann Schoti auf einem Backblech ganz normal im Backofen gebacken werden.

CHATSCHAPURI NACH IMERETISCHER ART

(KÄSE-HEFE-FLADEN NACH IMERETISCHER ART)

5 Stück · 2,5 Std.

ZUTATEN FÜR DEN TEIG
1 kg Mehl • 10 g Hefe • 15 g Zucker • 400 ml Wasser • 50 g Butter • 10 g Salz • 60 ml Öl

ZUTATEN FÜR DIE FÜLLUNG
1,5 kg Käse nach imeretischer Art (alternativ Feta) • 3 Eier • Salz nach Belieben

ZUTATEN ZUM BESTREICHEN
2 Eigelb • 50 ml Milch • Butter

1. Mehl in eine große Schüssel geben, in die Mitte mit der Hand eine Mulde eindrücken.
2. Hefe und Zucker im warmen Wasser auflösen.
3. Butter schmelzen lassen. Die Hefe-Wasser-Mischung sowie die Butter in die Mulde gießen, Salz untermischen. Von den Rändern das Mehl vorsichtig zur Mitte hin untermischen und zu einem gleichmäßig glatten Teig kneten.
4. Wenn der Teig zu trocken wird, etwas Wasser zugeben. Zum Schluss mit Öl vermengen, zudecken und an einen warmen Ort stellen. Den aufgegangenen Teig mit öligen Händen zweimal in 15-minütigen Abständen durchkneten.
5. Für die Füllung den Käse grob reiben, drei Eier dazugeben und mit der Hand gründlich durchmischen, nach Geschmack salzen.
6. Den aufgegangenen Teig in 300-g-Kugeln teilen und rund ausrollen. In die Mitte je 300 g Käsefüllung geben, den Teig von allen Seiten in die Mitte falten, zu einer Kugel formen und nochmals ausrollen. Die Eigelbe in Milch auflösen und die Teigscheiben damit bestreichen.
7. Chatschapuri im Ofen bei 250 °C backen. Nach dem Backen mit Butter bestreichen.

LOBIANI (GEBÄCK MIT BOHNENFÜLLUNG)
Den gleichen Teig wie beschrieben vorbereiten und statt Käse mit Bohnen füllen. Dafür 1 kg zuvor über Nacht eingeweichte weiße Bohnen kochen, den Saft abgießen, zerstampfen und mit Fett vermengen (Schweineschmalz, Butter, Öl), salzen.

CHATSCHAPURI NACH MENGRELISCHER ART

(KÄSE-HEFE-FLADEN NACH MENGRELISCHER ART)

5 Stück

2,5 Std.

ZUTATEN FÜR DEN TEIG

1 kg Mehl • 10 g Hefe • 15 g Zucker • 400 ml Wasser • 50 g Butter • 10 g Salz • 60 ml Öl

ZUTATEN FÜR DIE FÜLLUNG

1 kg imeretischer Käse (alternativ Feta) • 1 kg Sulgunikäse, davon 500 g zum Bestreuen (alternativ Mozzarella)
3 Eier • Salz nach Belieben

1. Mehl in eine große Schüssel geben, eine Mulde eindrücken. Hefe und Zucker im warmen Wasser auflösen.
2. Butter schmelzen lassen. Die Wasser-Hefe-Mischung sowie die Butter in die Mulde gießen, Salz untermischen. Von den Rändern das Mehl vorsichtig zur Mitte hin untermischen und zu einem gleichmäßig glatten Teig kneten.
3. Wenn der Teig zu trocken wird, etwas Wasser unterrühren. Zum Schluss mit Öl vermengen, zudecken und an einen warmen Ort stellen. Den aufgegangenen Teig mit öligen Händen zweimal in 15-minütigen Abständen durchkneten.
4. Für die Füllung den Käse (1 kg imeretischer Käse, 500 g Sulgunikäse) grob reiben, drei Eier dazugeben und mit der Hand gründlich durchkneten, nach Wunsch salzen.
5. Den aufgegangenen Teig in 300-g-Kugeln teilen und rund ausrollen. In die Mitte je 300 g Käsefüllung legen, den Teig von allen Seiten in die Mitte falten, zu einer Kugel formen und nochmals ausrollen.
6. Jedes Chatschapuri mit 100 g geriebenem Sulgunikäse bestreuen und im Ofen bei 250 °C backen.

EMPFEHLUNG

Hände mit Mehl bestäuben und das Chatschapuri so ausrollen. Wenn Sie zum ersten Mal backen oder noch keine Backerfahrung haben, können Sie den Teig mit einer Teigrolle ausrollen.

CHATSCHAPURI NACH ADSCHARISCHER ART 1

(KÄSE-HEFE-FLADEN NACH ADSCHARISCHER ART 1)

5 Stück

2,5 Std.

ZUTATEN FÜR DEN TEIG

400 ml Wasser oder Milch • 10 g Hefe • 10 g Salz • 15 g Zucker • 1 kg Mehl • 25 g Butter oder 60 ml Öl

ZUTATEN FÜR DIE FÜLLUNG

1,5 kg frischer Käse nach imeretischer Art (alternativ Feta) • 10 Eier

ZUTATEN ZUM BESTREICHEN

50 ml Milch • 2 Eigelb

1. Wasser oder Milch auf 30–35 °C erwärmen, Hefe, Salz und Zucker dazugeben und gut vermischen.
2. Mehl in eine große Schüssel geben, eine Mulde formen und die Hefemasse hineingießen. Von den Rändern das Mehl vorsichtig zur Mitte hin untermischen und zu einem gleichmäßig glatten Teig kneten.
3. Den Teig mit Butter oder Öl vermengen und an einen warmen Ort stellen. Den aufgegangenen Teig mit öligen Händen zweimal in 15-minütigen Abständen durchkneten.
4. Für die Füllung den Käse grob reiben (wenn der Käse salzig ist, 2–3 Std. in Wasser einweichen, dann das Wasser abgießen und erst dann reiben).
5. Den Teig in fünf 300-g-Kugeln teilen, länglich ausrollen und auf jeden Teig 300 g Käsefüllung verteilen. Die Ränder frei lassen. Die Teigränder zur Mitte falten, die Enden verschließen und dem Ganzen die Form eines Bootes geben.
6. Chatschapuri auf das Backblech legen. Die Teigränder mit einer Mischung aus Milch und Eigelb bestreichen und im Ofen bei 250 °C backen.
7. Wenn die Ränder goldbraun gebacken sind, Chatschapuri aus dem Ofen nehmen, je zwei Eier in die Mitte hineingeben und noch 2–3 Min. backen. (Das Ei darf nicht ganz gebraten werden.)

VARIATION

Auf das fertig gebackene Chatschapuri noch ein Stück Butter geben.

HINWEIS

Adscharien, eine georgische Region im westlichsten Zipfel des Landes am Schwarzen Meer, ist für ihren südlichen, orientalischen Zauber berühmt – ein Erbe der osmanischen Herrschaft im 16. Jahrhundert.

GEFÜLLTE KÄSEFLADEN NACH GURISCHER ART

5 Stück · 2,5 Std.

TEIGGERICHTE

ZUTATEN FÜR DEN TEIG
10 g Hefe • 10 g Salz • 10 g Zucker • 400 ml Wasser • 1 kg Mehl • 60 ml Öl

ZUTATEN FÜR DIE FÜLLUNG
1 kg Käse nach imeretischer Art (alternativ Feta) • 7 Eier

ZUTATEN ZUM BESTREICHEN
3 Eigelb • 50 ml Milch • 50 g Butter

1. Hefe, Salz und Zucker in Wasser auflösen. Mehl in eine Schüssel sieben und die Hälfte des Öls dazugeben. Das Hefewasser zugeben und den Teig gut kneten.
2. Wenn der Teig gleichmäßig glatt wird, den Rest des Öls zugeben, nochmals durchkneten, zudecken und an einen warmen Ort stellen.
3. Den aufgegangenen Teig mit öligen Händen zweimal in 15-minütigen Abständen durchkneten. Den Käse für die Füllung reiben.
4. Drei Eigelb in etwas Milch auflösen, damit eine dickflüssige Masse entsteht. Sieben Eier hart kochen, schälen und in Scheiben schneiden.
5. Den Teig in 300-g-Kugeln aufteilen. Jede Kugel rund ausrollen. Je die Hälfte jeder Teigscheibe mit Käse bestreuen und die Eierscheiben darauflegen. Die andere Hälfte darüberschlagen und die Ränder gut zusammendrücken.
6. Mit der Mischung aus aufgeschlagenem Eigelb und Milch bepinseln und im Ofen bei 250 °C backen. Die fertigen Fladen mit Butter bestreichen.

EMPFEHLUNG
Vor dem Servieren mit Eierscheiben dekorieren.

HINWEIS
Die georgische Region Gurien grenzt im Norden an Mengrelien und Imeretien und im Westen ans Schwarze Meer.

HEFETEIGTASCHEN MIT FLEISCHFÜLLUNG

10 Portionen · 2,5 Std.

ZUTATEN FÜR DEN TEIG

1 kg Mehl • 10 g Hefe • Salz • 400 ml Wasser

ZUTATEN FÜR DIE FÜLLUNG

1,5 kg Rindfleisch ohne Knochen • 100 g Zwiebeln • 1 l Öl • 5 g Bockshornklee, gemahlen
5 g Koriander, gemahlen • Salz und Pfeffer • 100 g Reis

1. Das Rindfleisch für die Füllung gut kochen und durch den Fleischwolf drehen.
2. Zwiebeln fein würfeln, in etwas Öl dünsten und mit dem Fleisch vermengen, mit Gewürzen, Salz und Pfeffer abschmecken. Reis kochen und mit dem Fleisch vermengen.
3. Mehl mit Hefe, Salz und warmem Wasser vermischen und zu einem gleichmäßig glatten Teig kneten.
4. Etwas Öl zum Teig geben und noch einmal durchkneten. Zudecken und an einen warmen Ort stellen.
5. Den aufgegangenen Teig mit öligen Händen zweimal, in einem Abstand von je 15 Min., durchkneten.
6. Den Teig in 10 kleine Kugeln teilen (jeweils so groß, dass sie eine Hand füllen), länglich ausbreiten, in die Mitte etwa 30 g Fleischmasse legen, zur Mitte hin verschließen und längliche Taschen formen.
7. In einer Pfanne Öl erhitzen und die Teigtaschen beidseitig braten.

VARIATIONEN

Für die Füllung eignen sich auch gedünstete Pilze und Zwiebeln oder auch Kartoffelpüree.

TEIGGERICHTE

CHATSCHAPURI VOM SPIESS

(KÄSE-HEFE-FLADEN VOM SPIESS)

4 Stück 50 Min.

ZUTATEN FÜR DEN TEIG
5 g Hefe • 5 g Salz • 5 g Zucker • 200 ml Wasser • 500 g Mehl

ZUTATEN FÜR DIE FÜLLUNG
1,5 kg Sulgunikäse (alternativ Mozzarella)

ZUTATEN ZUM BESTREICHEN
3 Eigelb • 50 ml Milch • Butter

1. Für die Füllung den Sulgunikäse in 8 lange, etwa 6 cm breite und 4 cm dicke Stücke schneiden.
2. Hefe, Salz und Zucker im warmen Wasser auflösen, gesiebtes Mehl untermischen und einen Teig mittlerer Härte kneten.
3. Den Teig in 4 gleich große Kugeln teilen, die Kugeln zu länglichen, etwa 25 × 6 cm großen Teigstücken ausrollen.
4. Die Sulgunistücke auf 4 Spieße stecken und den ausgerollten Teig der Länge nach rundherumwickeln.
5. Die Eigelbe in der Milch verquirlen und das aufgespießte Chatschapuri damit bestreichen. Chatschapuri entweder auf dem Grill oder im Ofen bei 200 °C braten.
6. Wenn das Chatschapuri fertig gebacken ist, aus dem Ofen oder vom Grill nehmen, mit Butter bestreichen und den Spieß herausziehen.

VARIATIONEN
Auf einem Spieß kann auch Lobiani (Bohnenbrot, Rezept S. 132) zubereitet werden. Bohnen kochen, Kochwasser abgießen, Bohnen zerstampfen, mit Fett (Fett, Butter, Öl) und Salz abschmecken und kleine Kugeln bilden. Den Bohnenkugeln eine längliche Form geben, auf die Spieße stecken und mit Teig einwickeln. (Dem Rezept oben folgen.) Auf dem Grill oder im Ofen braten.

ATSCHMA

(CHATSCHAPURI NACH ADSCHARISCHER ART 2)

10 Portionen 1 Std.

ZUTATEN FÜR DEN TEIG
1 kg Mehl • 5–6 Eier • 250 ml Wasser • Salz

ZUTATEN FÜR DIE FÜLLUNG
500 g weicher Käse nach imeretischer Art (alternativ Feta) • 500 g Sulgunikäse (alternativ Mozzarella)
100 g sehr kalte Butter

ZUTATEN ZUM BESTREICHEN
50 ml Milch • 3 Eigelb • 60 g Butter

1. Das Mehl sieben, geschlagene Eier und Wasser dazugeben und zu einem harten Teig kneten. Den Teig in fünf Teile teilen, ein Teil muss etwas größer sein.
2. Die Käsesorten reiben, die kalte Butter ebenfalls grob reiben.
3. In einem breiten Topf Wasser zum Kochen bringen und salzen.
4. Jedes Teigstück auf die Größe des Backblechs ausrollen, den Teig über eine Teigrolle hängen und die Teigrolle so drehen, dass der Teig langsam in das kochende Wasser eintaucht.
5. Jeden Teig 2 Min. kochen, herausnehmen und in eine Schüssel mit kaltem Wasser legen. Wenn der Teig abgekühlt ist, beiseitelegen.
6. Das erste Teigstück auf das Backblech legen, mit einem Viertel des geriebenen Käses und einem Viertel der geriebenen Butter bestreuen, das zweite Teigstück darauflegen und auch dieses mit Käse und Butter bestreuen, den Vorgang dreimal wiederholen und mit dem größeren Teigstück beenden. Die Ränder zusammendrücken.
7. Die Milch und die Eigelbe vermengen und die Oberfläche damit bestreichen, damit sie beim Backen schön goldbraun wird.
8. Das Atschma in den Ofen stellen und bei 200 °C backen. Das gebackene Atschma mit Butter bestreichen.

EMPFEHLUNG
Atschma kann sowohl vor dem Backen als auch nach dem Backen geschnitten werden.

Atschma schmeckt auch kalt mit saurer Sahne sehr gut.

KUBDARI

(FLEISCH-HEFE-FLADEN)

5 Stück 1 Std.

ZUTATEN FÜR DEN TEIG

15 g Hefe • 15 g Salz • 15 g Zucker • 400 ml Wasser • 1 kg Mehl

ZUTATEN FÜR DIE FÜLLUNG

1 kg Rindfleisch ohne Knochen • 500 g Schweinefleisch • Salz und Pfeffer nach Geschmack • 100 g Zwiebeln
10 g Knoblauch • ½ TL Bockshornklee, gemahlen • ½ TL Koriander, gemahlen • ½ TL Kümmel

Butter oder Öl zum Bestreichen

1. Hefe, Salz und Zucker im warmen Wasser auflösen, gesiebtes Mehl nach und nach untermischen und einen Teig mittlerer Härte kneten. Zudecken und an einen warmen Ort stellen, damit er aufgeht.
2. Das Fleisch säubern, salzen und pfeffern. Mit Zwiebeln und Knoblauch durch den Fleischwolf drehen, würzen.
3. Den Teig in 300-g-Kugeln teilen, rund ausrollen, in die Mitte je einen Teil der Füllung legen, die Ränder zur Mitte hin zusammendrücken und wie Chatschapuri ausrollen.
4. Kubdari im Ofen bei 220 °C backen. (Kubdari kann auch in einer Pfanne gebacken werden). Die fertigen Fladen mit Fett bestreichen.

VARIATIONEN

Nach Wunsch kann Kubdari auch mit gehacktem Fleisch zubereitet werden, weiter wie im Rezept beschrieben abschmecken.

Auch beim Fleisch kann variiert werden, zum Beispiel können Sie 800 g Rindfleisch nehmen und dieses mit etwa 200 g Innereien (Leber und Herz) vermengen.

TSCHWISCHTARI

(MAISBROT MIT KÄSE)

15 Min. | 10 Stück | 20 Min.

ZUTATEN

1 kg Maismehl • 300 g Sulgunikäse (alternativ Mozzarella) • 5 Eigelb • 20 ml Öl • Wasser zum Kneten

Öl zum Braten

1. Maismehl, geriebenen Käse, Eigelbe, Öl und warmes Wasser (so viel, dass eine Masse mittlerer Härte entsteht) vermengen.
2. Aus der Masse 10 Kugeln formen, flach drücken und in einer Pfanne in erhitztem Öl von beiden Seiten braten. (Links im Bild)

VARIATIONEN

Tschwischtari kann auch mit Käsestücken zubereitet werden. Ein Stück Käse nehmen, von beiden Seiten mit dem Teig bedecken, flach drücken und in Öl braten.

MTSCHADI

(MAISBROT)

15 Min. | 10 Stück | 20 Min.

ZUTATEN

500 g Maismehl • 20 ml Öl • 200 ml Wasser

1. Mehl mit Öl und Wasser vermischen und einen Teig mittlerer Härte kneten.
2. Die Masse in 10 kleine Kugeln teilen, die gewünschte Form geben und im Ofen bei 220 °C oder in einer Pfanne mit Öl bei mittlerer Hitze backen. (Rechts im Bild)

HINWEIS

Georgisches Maisbrot wird traditionell mit Käse, verschiedenen Vorspeisen oder zu Hauptgerichten serviert.

GOMI

(POLENTA)

30 Min. 8 Portionen 40 Min.

ZUTATEN

500 g Maisgrieß (am besten grober weißer Maisgrieß, beispielsweise Riebelgrieß, Polenta Bramata Bianca)
1,5 l Wasser • 150 g Maismehl

1. Maisgrieß gründlich waschen und die schwimmenden Reste abnehmen. In einen Topf mit dickem Boden geben, Wasser hineingießen und bei hoher Hitze zum Kochen bringen.
2. Nach dem Aufkochen bei niedriger Hitze weiterkochen. Mit einem Holzlöffel Maismehl nach und nach untermischen und weitere 15 Min. auf kleiner Flamme kochen lassen. Mit dem Holzlöffel ständig umrühren.
3. Auf Teller verteilen und nach Wunsch ein Stück Sulgunikäse (alternativ Mozzarella) oder geräucherten Sulgunikäse in die Polenta drücken (Bild rechts).

EMPFEHLUNGEN

Gomi ist fertig, wenn es dick wird und der Geruch des Mehls nicht mehr vernommen werden kann. Gomi schmeckt besonders gut mit etwas salzigem Käse, beispielsweise mit Sulgunikäse (alternativ Mozzarella), aber auch mit Chartscho mit Walnüssen (Rezept S. 94).

In Georgien wird immer weißer Maisgrieß verwendet, je heller die Polenta wird, desto besser.

ELARDSCHI

(POLENTA MIT KÄSE)

30 Min. 8 Portionen 40 Min.

ZUTATEN

500 g Maisgrieß (am besten grober weißer Maisgrieß, beispielsweise Riebelgrieß, Polenta Bramata Bianca)
500 g Sulgunikäse (alternativ Mozzarella) • 1,5 l Wasser • 150 g Maismehl

1. Maisgrieß waschen, Sulguni in kleine Stücke schneiden.
2. Maisgrieß in einen Topf mit dickem Boden geben, Wasser dazugießen und bei hoher Temperatur zum Kochen bringen. Gleich nach dem Aufkochen bei niedriger Hitze weiterkochen lassen.
3. Sobald das Wasser verkocht ist, Maismehl dazugeben und mit einem Holzlöffel vermischen, ständig umrühren.
4. Wenn die Masse dick wird und der Mehlgeruch nicht mehr vernommen werden kann, die Sulgunistücke dazugeben und umrühren. Wenn sich der Sulguni auflöst und dehnt, ist das Elardschi fertig.

CHINKALI

(TEIGSÄCKCHEN MIT FLEISCHFÜLLUNG)

15 Min. | 40 Stück | 50 Min.

ZUTATEN FÜR DEN TEIG

1 kg Mehl • 400 ml Wasser • Salz nach Geschmack

ZUTATEN FÜR DIE FÜLLUNG

1 kg Rindfleisch • 300 fettes Schweinefleisch • 200 g Zwiebeln • 20 g Knoblauch • 50 g frischer Koriander Salz und Pfeffer nach Geschmack

1. Fleisch säubern, Zwiebeln und Knoblauch häuten und alles durch den Fleischwolf drehen.
2. Das faschierte Fleisch mit Koriander, Salz und Pfeffer abschmecken. Nach und nach mit etwa 300–400 ml Wasser vermengen, bis eine weiche Masse entsteht.
3. Das Mehl sieben, nach und nach warmes Salzwasser dazugeben und zu einem festen Teig kneten. Den Teig einige Male in 15-minütigen Abständen durchkneten.
4. Ein Brett mit Mehl bestreuen und den Teig darauf ausrollen. Mit einem Glas Kreise von etwa 5 cm Durchmesser ausstechen. Die Kreise nochmals dünn auf die doppelte Größe ausrollen.
5. In die Mitte der Kreise jeweils etwa 30 g von der Füllung geben, die Ränder in der Mitte zusammenfassen und zusammendrücken, so dass Falten entstehen. Die Chinkali in kochendes Salzwasser tauchen lassen. (Das Wasser darf nicht zu salzig sein.)
6. Chinkali 7 Min. kochen lassen und anschließend aus dem Wasser holen. Auf einem flachen Geschirr mit etwas Abstand nebeneinanderlegen, damit sie nicht aneinander festkleben. Mit schwarzem Pfeffer bestreuen und heiß genießen.

VARIATIONEN

Chinkali können auch mit Quark, Kartoffelpüree oder Pilzfüllung zubereitet werden.

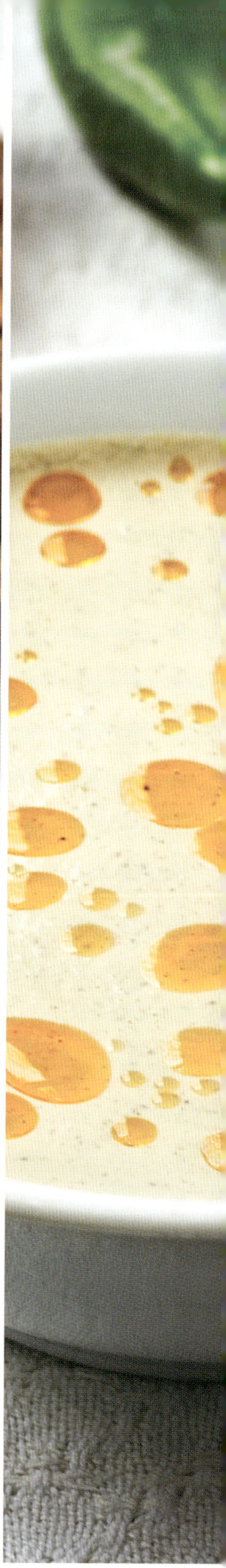

SOSSEN UND EINGELEGTES GEMÜSE

BASCHE

(WALNUSSSOSSE)

20 Min.

ZUTATEN

500 g Walnüsse • 10 g Knoblauch • Safran, Koriander und Bockshornklee, gemahlen (nach Geschmack) Salz nach Geschmack

1. Walnüsse durch den Fleischwolf drehen und mit der Hand so lange kneten, bis Öl heraustritt. Das Öl in einer extra Schüssel getrennt aufbewahren.
2. Knoblauch, Gewürze und Salz in einem Mörser zerkleinern und mit den Walnüssen vermengen. So viel gekochtes lauwarmes Wasser dazugeben, bis ein Brei entsteht.
3. Basche in einer tiefen Schüssel anrichten und mit Öltropfen verfeinern.

EMPFEHLUNGEN

Basche kann zu Maisbrot, Gomi oder Elardschi serviert werden.

In Georgien werden für Basche möglichst helle Walnüsse verwendet.

GRÜNE ADSCHIKA

40 Min.

ZUTATEN

1 kg scharfe grüne Peperoni • 500 g grüner Paprika • 200 g frischer Koriander mit Samen (alternativ Kraut und Samen extra) • 200 g Stangensellerie • 50 g Knoblauch • Essig nach Geschmack • Salz nach Geschmack

1. Peperoni und Paprika waschen, Stiele abschneiden und Samen herausnehmen.
2. Kräuter waschen und alles außer dem Koriander durch den Fleischwolf drehen. Knoblauch häuten, pressen und mit dem Koriander im Mörser zerdrücken, anschließend mit der Masse vermengen.
3. Die Masse mit Essig und Salz abschmecken.

VARIATION

Nach dem gleichen Rezept kann die grüne Adschika für den Winter zur Aufbewahrung zubereitet werden. Ein Glas mit Schraubdeckel vollständig mit Adschika befüllen, gut verschließen und an einem kühlen und dunklen Ort aufbewahren.

TKEMALI-SOSSE

(KIRSCHPFLAUMENSOSSE)

2 Std.

ZUTATEN

3 kg frische Kirschpflaumen • 500 g frischer Koriander mit Samen (alternativ Kraut und Samen extra) 50 g Knoblauch • 4–5 scharfe Peperoni • 50 g Minze • Salz nach Geschmack

1. Die Kirschpflaumen waschen, in einen Topf geben, diesen mit Wasser auffüllen, so dass sie nicht ganz bedeckt sind, und bei niedriger Hitze kochen.
2. Von ganzen Korianderzweigen nur die Samen und Blätter nehmen, den Rest entsorgen. Ansonsten Blätter abzupfen und Samen bereitstellen. Knoblauch häuten und waschen. Peperoni putzen und alles, auch die Minze, durch den Fleischwolf drehen.
3. Die gekochten Kirschpflaumen in eine Siebschüssel geben, etwas Kochwasser aufbewahren. Die Kirschpflaumen kalt werden lassen und reiben. Die Steine entsorgen und die weiche Masse mit den faschierten Zutaten und dem Salz abschmecken. Eventuell mit dem aufgehobenen Saft verdünnen (links im Bild).

VARIATION

Die gleiche Soße (siehe auch Hinweis auf S. 22) kann statt mit Kirschpflaumen auch mit Schlehen oder Kornelkirschen zubereitet werden. Das Rezept ist in jedem Fall gleich.

TOMATENSOSSE

2 Std.

ZUTATEN

2 kg Tomaten • 1 kg rote Paprika • 20 g scharfe Peperoni • 50 g Knoblauch • 1 TL Koriander, gemahlen 1 TL Bockshornklee, gemahlen • Salz nach Geschmack

1. Tomaten waschen und häuten. Die Stiele der Paprikas und Peperoni entfernen und die Samen herausnehmen. Alles zusammen mit Knoblauch und Gewürzen durch den Fleischwolf drehen.
2. Die Masse in einen Topf geben und kochen lassen. Wenn die Soße dick wird, mit Salz abschmecken, vom Herd nehmen, abkühlen lassen und in ein Glas mit Schraubdeckel füllen (Soße rechts im Bild).

EMPFEHLUNG

So wie Tkemali kann auch die Tomatensoße für den Winter zur Aufbewahrung zubereitet werden. Dazu auf die in Gläser oder Flaschen gefüllte Soße je einen Teelöffel Öl geben, damit sie konserviert wird, und die Gläser an einem kühlen und dunklen Ort aufbewahren.

ROTE ADSCHIKA

(TROCKEN)

20 Min.

ZUTATEN

1 kg scharfe rote Peperoni • 50 g Knoblauch • 20 g Koriander, gemahlen • 10 g Bockshornklee, gemahlen
Salz nach Geschmack • 20 ml Öl

1. Peperoni waschen, putzen, Samen herausnehmen und trocknen lassen. Knoblauch schälen und alles durch den Fleischwolf drehen. Mit den Gewürzen abschmecken.
2. Die Masse mit Salz abschmecken und Öl dazugeben. Eine gleichmäßige Masse bilden (rechts im Bild).

VARIATION

Nach dem gleichen Rezept kann Adschika für den Winter zur Aufbewahrung zubereitet werden.
Ein Glas mit Schraubdeckel mit der Masse befüllen und an einem kühlen und dunklen Ort aufbewahren.

ADSCHIKA MIT HASELNÜSSEN

(NACH GURISCHER ART)

20 Min.

ZUTATEN

200 g scharfe grüne Peperoni • 50 g grüner Paprika • 15 g Knoblauch • 200 g frischer Koriander mit Samen (alternativ Kraut und Samen extra) • 500 g geschälte Haselnüsse • 20 ml Essig • abgekochtes Wasser bei Bedarf
5 g Koriander, gemahlen • 5 g Bockshornklee, gemahlen • Salz nach Geschmack

1. Peperoni und Paprika waschen, Samen herausnehmen und trocknen lassen. Knoblauch schälen, vom Koriander Samen und Blätter nehmen, den Rest entsorgen.
2. Haselnüsse, Paprika, Peperoni, Knoblauch und Koriander durch den Fleischwolf drehen, mit Essig und abgekochtem Wasser verdünnen, mit Gewürzen und Salz abschmecken.

VARIATION

Nach dem gleichen Rezept kann Adschika auch für den Winter zur Aufbewahrung zubereitet werden.
Ein Glas mit Schraubendeckel damit füllen und an einem trockenen und kühlen Ort aufbewahren.

EINGELEGTE GURKEN

7 Tage

GRUNDZUTATEN

1 kg kleine frische Gurken • 100 g Stangensellerie • 100 g Petersilie • 50 g Dill • 50 g Knoblauch

ZUTATEN FÜR DIE LAKE

30 g Salz • 5–10 kleine Peperoni • 5 g Nelkenpfeffer (Piment) • 3–4 Lorbeerblätter • 2 l Wasser

1. Gurken und Kräuter waschen, Knoblauch schälen. Alles in ein Keramik-, Glas- oder Emaillegefäß schichten.
2. Salz, Peperoni, Nelkenpfefferkörner und Lorbeerblätter ins Wasser geben und aufkochen lassen.
3. Das Gemüse in dem Gefäß mit der Lake bedecken, das Gefäß dicht verschließen und fünf bis sechs Tage an einem kühlen Ort aufbewahren.

VARIATION

Nach dem gleichen Rezept können die Gurken für den Winter zur Aufbewahrung eingelegt werden. Dafür Gläser mit dichtem Verschluss verwenden und (beispielsweise Einweckgläser) das Gemüse mit der gewürzten Salzlake sorgfältig bedecken. Dafür eventuell ein Gewicht direkt auf das Gemüse legen, damit es nicht aufsteigen kann.

EINGELEGTE TOMATEN

7 Tage

GRUNDZUTATEN

1,5 kg grüne Tomaten • 300 g Stangensellerie • 300 g Petersilie • 150 g Dill • 50–60 g Knoblauchzehen
4–5 Lorbeerblätter • 4–5 scharfe rote Peperoni

ZUTATEN FÜR DIE LAKE

1 l Wasser • Salz nach Geschmack

1. Die grünen Tomaten waschen und in der Mitte einschneiden. Die Kräuter waschen, die Blätter von den Stängeln zupfen. Die Stängel aufbewahren. Kräuter und Knoblauchzehen in die Tomaten stecken.
2. Die Tomaten dicht an dicht in ein Emaille- oder Glasgefäß legen. Die Stängel, Lorbeerblätter, Peperoni und die restlichen Knoblauchzehen dazugeben. Einige Schichten bilden.
3. 1 l Salzwasser zum Kochen bringen, abkühlen lassen und die Tomaten damit bedecken. Etwas Schweres auf die Tomaten legen, damit sie im Wasser bleiben und nicht aufsteigen können, verschließen und an einem kühlen Ort ruhen lassen.

VARIATION

Nach dem gleichen Rezept können die Tomaten für den Winter zur Aufbewahrung eingelegt werden. Dafür Gläser mit dichtem Verschluss verwenden, darauf achten, dass die Tomaten zur Gänze mit Salzwasser bedeckt sind.

EINGELEGTE PEPERONI

7 Tage

GRUNDZUTATEN

1 kg zum Einlegen geeignete grüne Peperoni • 15 g Knoblauch • 3–4 Lorbeerblätter
5 g Nelkenpfeffer (Piment)

ZUTATEN FÜR DIE LAKE

1 l Salzwasser (30 g Salz) • 300 g Stangensellerie

1. Peperoni waschen und in siedendes Wasser geben. Aufkochen lassen und in kaltes Wasser legen. Abkühlen lassen und auspressen.
2. 1 l Salzwasser zum Kochen bringen, Sellerie waschen und ins Salzwasser geben, aufkochen und abkühlen lassen.
3. Die Peperoni dicht an dicht in ein Glas legen, Knoblauch, Lorbeerblätter und Nelkenpfeffer darüberlegen. Mit kaltem Selleriewasser übergießen, bis die Peperoni ganz vom Wasser bedeckt sind und an einem kühlen Ort ein paar Tage ruhen lassen.

VARIATION

Nach diesem Rezept können die Peperoni auch für den Winter zur Aufbewahrung eingelegt werden. Dafür Gläser mit dichtem Verschluss verwenden, Peperoni zur Gänze mit Salzwasser bedecken und verschließen.

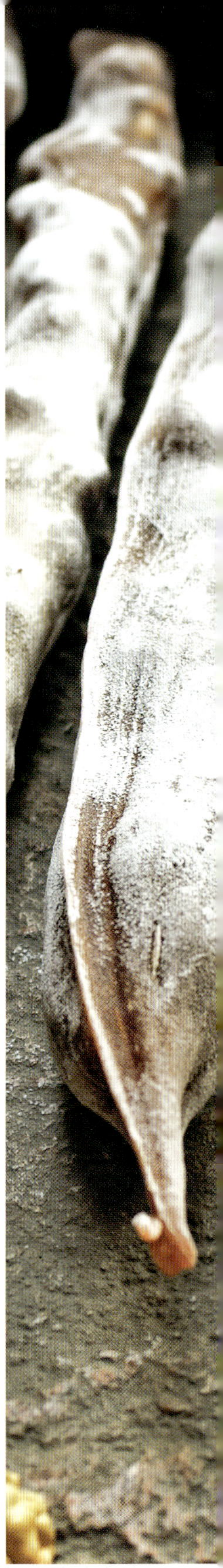

DESSERTS

TATARA

(TRAUBENSAFTBREI)

1 Std. · 1,5 Std.

ZUTATEN

6 l Traubensaft • 600–700 g Mehl

1. Den frischen Traubensaft so lange kochen, bis nur noch die Hälfte des Volumens übrigbleibt. Das Ergebnis heißt Badagi. Abkühlen lassen und sieben.
2. Mehl in etwas Badagi verrühren, den Rest des Saftes zum Aufkochen wieder auf den Herd stellen. Sobald die Flüssigkeit zu kochen beginnt, die Mehlmasse dazugeben und ständig umrühren.
3. Die Tatara so lange kochen lassen, bis der Geruch des Mehls verschwindet, ständig mit einem Holzlöffel umrühren, damit die Masse nicht anbrennt.

VARIATION

Nach dem gleichen Rezept wird Pelamuschi zubereitet. Dafür statt Weizenmehl Maismehl verwenden.

TSCHURTSCHCHELA

(AUFGEFÄDELTE NÜSSE IN WEINTRAUBENSAFTHÜLLE)

1 Std. · 2 Std.

ZUTATEN

Walnüsse oder Haselnüsse • 6 l Traubensaft • 600–700 g Mehl

1. Eine Nadel mit Seidengarn vorbereiten, in die Garnenden Knoten binden. Die geviertelten Walnüsse dicht aneinandergereiht auffädeln, etwa eine Handlänge lang. Oben etwas Faden lose lassen und eine Schlinge bilden.
2. Tatara nach dem oben beschriebenen Rezept zubereiten. Die aufgefädelten Nüsse in die kochende Tatara eintauchen, bei Wunsch den Vorgang wiederholen, herausziehen, auf einem Stock aufhängen und trocknen lassen.

VARIATIONEN

Tschurtschchela kann auch mit Pelamuschi aus Maismehl gemacht werden.

Für die Füllung eignen sich auch Haselnüsse, Rosinen, Kürbiskerne und Erdnüsse.

GOSINAKI

(HONIG-NUSS-RIEGEL)

30 Min. 1 Std.

ZUTATEN

500 g Walnüsse • 300 ml Honig • 40 g Zucker

1. Walnüsse klein hacken, unter ständigem Umrühren in einer Pfanne goldbraun rösten.
2. Vom Feuer nehmen, abkühlen lassen und häuten.
3. Den Honig in eine Pfanne mit dickem Boden geben und bei niedriger Hitze unter ständigem Umrühren erwärmen, dann vom Herd nehmen. Diesen Vorgang mehrmals wiederholen. Der Honig ist dann ausreichend oft erwärmt, wenn ein Tropfen davon in kaltem Wasser sofort erstarrt.
4. Die gehackten Walnüsse in den Honig geben und wieder aufs Feuer stellen, ständig umrühren, Zucker dazugeben. Wenn eine gleichmäßige Masse aus Honig und Nüssen entsteht, ist die Masse fertig. Die Masse auf ein nasses Holzbrett geben und mit einem nassen Holzlöffel flach ausbreiten.
5. In Rauten schneiden, solange das Gosinaki noch warm ist. Ist das Gosinaki erst einmal abgekühlt und erstarrt, lässt es sich nur noch schwer formen und schneiden.

VARIATION

Gosinaki kann auch mit Haselnüssen oder Mandeln zubereitet werden.

EMPFEHLUNG

In Georgien werden für Süßigkeiten wie diese aus optischen Gründen möglichst helle oder gar annähernd weiße Walnüsse verwendet.

TSCHIRI

(GETROCKNETE FRÜCHTE)

einige Tage

ZUTATEN

Reife Früchte: Pfirsiche, Aprikosen, Pflaumen, Äpfel, Birnen oder Kakis (beispielsweise Sharon)

1. Die Früchte waschen und halbieren, Steine bzw. Kerne entnehmen. Auf einem Holzbrett verteilen, mit dünnem Baumwollstoff zudecken und in der Sonne trocknen lassen. Die Früchte können auch auf einem Faden aufgefädelt getrocknet werden.
2. Äpfel, Kakis und Birnen schälen, auf einen Faden fädeln und in der Sonne trocknen lassen (Bild rechts vorne).

VARIATION

Feigen in kochendes Wasser geben, einige Sekunden darin lassen und anschließend herausnehmen. An einen schattigen Ort stellen. Nach ein bis zwei Tagen, wenn sie welken, mit der Hand flach pressen und weiter trocknen lassen.

TKLAPI

(FRUCHTLEDER)

einige Tage

ZUTATEN

2 kg Pfirsiche, Kornelkirschen, Kirschpflaumen oder Pflaumen • 50 g Zucker

1. Die reifen Früchte entkernen, in einem Topf bei niedriger Hitze köcheln lassen. Gelegentlich umrühren.
2. Wenn die Früchte gut gekocht sind, in eine Siebschüssel geben, abkühlen lassen und reiben. Die Masse mit Zucker vermengen.
3. Das Püree abkühlen lassen und auf ein nasses Holzbrett streichen, flach ausrollen und in der Sonne trocknen lassen.
4. Wenn die Oberfläche trocken ist, vom Brett vorsichtig abziehen, wenden und von der anderen Seite trocknen lassen. (Im Bild hinten)

SÜSSER PLAWI

(REISGERICHT MIT GETROCKNETEN UND FRISCHEN FRÜCHTEN)

30 Min. | 4 Portionen | 50 Min.

ZUTATEN

200 g Reis • 100 g getrocknete Aprikosen • 200 g Rosinen • 100 g Zucker oder Honig
Äpfel oder Quitten nach Wunsch • 150 g Öl

1. Reis mit so viel Wasser bedecken, dass es das dreifache Volumen des Reises erreicht. Den Reis kochen. Wenn das Wasser verkocht ist, den Topf vom Herd nehmen.
2. Getrocknete Aprikosen und Rosinen waschen und in warmem Wasser einweichen.
3. Den gekochten Reis mit Zucker oder Honig, Aprikosen, Rosinen, bei Wunsch mit Äpfeln oder Quitten vermengen, Öl und 200 ml Wasser dazugeben und wieder bei niedriger Hitze auf den Herd stellen.
4. Wenn die Aprikosen und Rosinen weich werden, ist der Plawi fertig. Vom Herd nehmen.

VARIATION

Reis kochen und Wasser abgießen. Öl in eine Pfanne mit dickem Boden geben, Reis dazugeben und schichtweise mit Aprikosen, Rosinen, Obst und Zucker bedecken. Auf kleiner Flamme erhitzen. Wenn die untere Schicht des Reises rötlich wird, vom Herd nehmen und wie einen Kuchen schneiden.

AUS UNSEREM PROGRAMM

ISBN 978-3-7020-1611-1

ISBN 978-3-7020-1561-9

ISBN 978-3-7020-1237-3

ISBN 978-3-7020-2098-9

LEOPOLD STOCKER VERLAG

Graz – Stuttgart

www.stocker-verlag.com